基于关联规则的推荐方法与模型

王兴旺 ◎ 著

内容提要

本书以推荐方法为研究对象，对推荐的模型和算法进行深入研究，并从解决推荐系统的缺点和问题的角度出发，提出了一些有效的推荐方法和基于关联规则的算法，其中包括 Apriori 改进算法和 FP-growth 改进算法。本书共 7 章，主要包括推荐系统与关联规则、基于 Apriori 和 FP-growth 的关联规则挖掘、基于关联规则挖掘的分类随机漫步推荐、标签和协同过滤的组合推荐及基于关联规则的矩阵预填充相似性度量模型等内容。本书适合高校软件技术等相关专业和从事数字、智慧相关领域研究的读者使用。

图书在版编目（CIP）数据

基于关联规则的推荐方法与模型/王兴旺著.
上海：上海交通大学出版社，2024.8 — ISBN 978-7-313-31450-5

Ⅰ. G254

中国国家版本馆 CIP 数据核字第 2024UC2702 号

基于关联规则的推荐方法与模型

JIYU GUANLIAN GUIZE DE TUIJIAN FANGFA YU MOXING

著　　者：王兴旺
出版发行：上海交通大学出版社　　地　　址：上海市番禺路 951 号
邮政编码：200030　　电　　话：021-64071208
印　　制：苏州市古得堡数码印刷有限公司　　经　　销：全国新华书店
开　　本：710mm×1000mm　1/16　　印　　张：8.5
字　　数：111 千字
版　　次：2024 年 8 月第 1 版　　印　　次：2024 年 8 月第 1 次印刷
书　　号：ISBN 978-7-313-31450-5
定　　价：68.00 元

前言

“信息过载”是指社会信息超过了个人或系统所能接受、处理或有效利用的范围，并导致无法搜索到有效信息。推荐系统作为一种信息过滤的重要手段，是当前解决信息过载问题的有效方法。推荐方法和技术的作用在于对大量信息的有效过滤，将用户可能感兴趣的信息提供给用户，用户从之前的被动状态变为主动状态。传统推荐系统中没有考虑和重视的问题正在影响、制约着推荐系统的进一步推广和应用，这些问题都急需解决。

本书首先针对关联规则挖掘算法的不足，对经典关联规则挖掘算法 Apriori 和 FP-growth 进行了改进，提出了 Apriori 改进算法（IAA）和 FP-growth 改进算法（IAFG）。在此基础上，为了解决推荐系统本身固有的缺点和问题，本书以推荐方法为研究对象，提出了一些有效的推荐模型和算法，并将它们应用于农业病虫害监测、MovieLens、BookCrossing 和 Netflix 等数据集的推荐实验和分析中。本书结构完整、条理清晰、理论与实践结合紧密，具有较强的系统性、规范性和专业性。本书的创新性工作总结如下：

(1) 为了解决关联规则挖掘算法多次扫描数据库，造成性能下降、效率低等问题，本书对关联规则挖掘算法进行了深入研究，基于矩阵对传统的 Apriori 算法进行改进，提出了 IAA 算法。接下来，针对 FP-growth 算法的缺点，基于分解矩阵对其改进，提出 IAFG 算法，其在数据库规模庞大时，能够有效地提高运行效率。本书以 2012 年至 2016 年美国某农场“土壤湿度”与“黑穗病发生率”的病虫害监测数据为例，分析“土壤湿度”与“黑穗病发生率”之间的关联规则。实验结果表明，IAA 算法和 IAFG 算法能够有效地发现有用的关联规则，在一定程度上提高了关联规则挖掘的效率。

(2) 为了解决关联规则推荐算法在有用户评分的数据上推荐不准确的问题，本书对分类随机漫步算法进行了深入研究，提出了新分类随机漫步推荐算法 (NCRWRA)。将 NCRWRA 算法与基于内容的推荐算法以及协同过滤算法通过 DOA 评价标准进行比较，实验结果证明，NCRWRA 算法比传统的协同过滤算法和基于内容的推荐算法有更准确的推荐结果。接下来，为了解决分类随机漫步算法不能为新用户推荐的问题，本书提出了基于关联规则挖掘的分类随机漫步推荐算法 (CRWRABARM)。CRWRABARM 算法利用关联规则挖掘计算用户属性与项目之间的关联规则，利用这些关联规则为新用户构建了一个初始的评分向量，之后为该用户计算推荐结果。本书使用了 3 个数据集进行实验，实验结果证明了算法对于新用户推荐具有良好的结果。

(3) 为了解决推荐系统的冷启动问题，本书提出了基于标签和协同过滤的组合推荐算法 (CRABL-CF)。CRABL-CF 算法进行两次过滤，第一次是在标签系统中，然后把第一次过滤的结果作为第二次的输入，算法选择预测评分最高的前 N 个项目作为推荐列表推荐给用户。实验结果表明，基于标签和协同过滤的组合推荐算法在推荐系统冷启动问题的改进是有效的。

(4) 为了解决推荐系统的稀疏性问题，本书提出了基于关联规则的矩阵预填充相似性度量模型（TMPSMMBAR），并在该模型的基础上，提出两种推荐算法。为了配合推荐算法，本书又提出一种新的数据结构，在这种数据结构中，放置了一个“flag”标志。实验结果表明，本书提出的模型和算法对于高稀疏性数据具有较好的处理效果。

本书是在国家自然科学基金项目“基于格子 Boltzmann 方法的大规模可扩展并行计算研究”（项目编号：91330116）支持下开展相关理论和实验研究，并由上海农林职业技术学院王兴旺独立的，是在著者博士期间研究工作的基础上修改而成的。在本书撰著过程中，参考和引用了国内外同行的优秀研究成果和观点，同行的前期研究成果为本书的编写打下了坚实的基础，在此表示由衷的感谢。感谢上海大学张武教授、宋安平教授对本书提出的宝贵意见；感谢上海理工大学顾长贵教授对本书的农业数据分析进行的思路梳理；感谢上海海洋大学刘智翔老师对本书数学公式编辑、推荐模型和算法给予无私帮助。因著者水平有限，在撰著过程中难免会出现疏漏和不当之处，敬请广大读者批评指正。

著者

2023 年 5 月

目录

第 1 章

绪 论

1.1 引言

随着互联网技术突飞猛进地发展，互联网的信息量有大幅度增长的趋势。人们使用网络越来越频繁，接触的信息量也大大提高，当今社会的人们可以方便、快捷地接触到大量的网络信息。比如，我们熟知的 Netflix、Amazon、淘宝、Del. icio. us 分别有几十万甚至上亿的海量数据信息，其中包括电影、书籍、各类商品、网页收藏等[1]。人们想要把这些信息浏览一遍都非常困难，更不用说从中找到自己喜欢、感兴趣的数据信息，那简直是不现实的[2]。当用户面对海量的信息而无法方便、快速地找出对自己有价值的信息时，信息的使用效率大大降低，这种现象就是人们常说的信息过载问题[3-5]。

人们常常用搜索引擎来帮助自己检索信息[6]，搜索引擎可以帮助不同的用户高效地获取有价值的信息，这种方法可以起到缓解信息过载带来的一系列问题，但是目前存在的搜索引擎在对具有不同需求和不同背景的用户做查询操作时，很难满足用户要求的最终查询结果和状态。用户获取信息的途径主要包括以下两个方面：第一，用户不知道如何查询信息，无法准确、清晰地描述自己的需求，也无从知道自己所需要的资源存在于哪些网站和数据库中；第二，用户知道自己的需求，可以准确、清晰地描述自己的需求信息，将关键字输入搜索引擎进行检索，搜索引擎接受用户的输入信息，执行检索操作就可以了。对于第二种情况没有问题；而对于第一种情况，需要根据用户的实际需求进行分析，将资源主动推送给用户，解决用户的需求问题[7]。

解决上面问题的方法是建立高效的推荐系统（recommendation system）[8-9]。个性化推荐又称为推荐系统，推荐系统综合考虑了用户的隐式反馈和用户的显示反馈历史记录，它可以有效地解决信息过载问题。推荐系统在用户的爱好和兴趣的基础上进行建模，然后通过建立的模型对用户生成有效的推荐信息，最终将有效信息推送给用户。推荐技术可以将用户感兴趣的信息比较准确地提供给用户，是因为它可以对大量信息进行过滤，从而得到有效信息，可以将用户感兴趣或者有价值的信息推送给用户，用户从本来的被动状态变为目前的主动状态。推荐系统和搜索引擎不同，推荐系统可以通过计算发现用户真正的需求信息，是因为它能够很好地挖掘用户关注哪些信息，可以分析项目的属性，从而找出与用户感兴趣项目的相近项目；推荐系统也可以通过用户对项目的评分情况找出和用户喜好相近的邻居，然后将这些邻居喜欢的项目推荐给用户；推荐系统是解决信息过载问题的有效方法，它可以对信息进行过滤，用户可以不用关键词去描述自己的喜好和意愿；推荐系统为用户做了大量的工作，用户可以在海量信息中高效地找出对自己有用的信息；推荐系统可以根据用户对项目的兴趣偏好进行计算，有效地提升推荐效率。

推荐系统可以评估电影、书籍、网页、CD、绘画、音乐等用户从未看到过的产品[10]，它可以代替用户进行评估，这是一个从未知到已知的过程。在一个实际的推荐过程中，用户的数量非常巨大，达几千万甚至更多，而推荐产品的数量也成千上万，甚至达到百万、千万之多，这就要求必须有准确、高效的推荐系统为用户进行推荐服务，根据用户的喜好或偏好，挖掘用户潜在的消费产品或者是消费项目倾向。截至目前，推荐系统已经在电子商务领域取得了巨大的成功，带来了丰厚的商业利益，但现有的推荐系统仍存在很多不足之处。例如基于协同过滤的推荐算法，由于其本身存在的冷启动问题、扩展性问题、稀疏性问题等，协同过滤推荐算法的推荐结果还不够准确，需要进一步提高推荐准确度；而基于规则的推荐算法实时动态更新能力较弱[11-12]，且随着规则数目的增加，系统的计算复杂性也不断增大，最后造成计算复杂性过大，计算效率下降。随着推荐系统应用的不断推广，推荐算法的缺点和弊端逐渐暴露出来，用户对推荐算法的准确性和体验感到不满意，因此对推荐系统和推荐算法的研究具有很强的现实意义。随着竞争的不断增强，推荐系统不仅可以作为一种商业营销手段，而且可以增进用户的忠诚度[13]。推荐系统已经给电子商务带来了丰厚的商业利润，推广和研究推荐系统势在必行。

1.2 研究现状

1.2.1 推荐系统研究现状

推荐系统在20世纪90年代开始出现，它的出现是为了满足用户的个性化需求，该系统本身是一种信息过滤系统，伴随着互联网技术的不断发展，推荐技术也快速兴起。常用的推荐方法主要包括基于内容的推荐方法[14]、协同过滤推荐方法[15]、混合推荐方法[16] 等，推荐技术中应用了大量的机器学习和数据挖掘的知识。国外对于推荐技术的研究主要集中在以下两个方面：第一，对推荐算法进行优化和改进研究；第二，推荐系统在电子商务平台的应用研究。

基于内容的推荐系统是最早出现的，麻省理工学院的利伯曼在1995年实现了Letizia[17] 系统，Letizia系统可以对用户浏览过的记录进行学习，通过对网页内容的学习结果得到用户的偏好模型，接下来根据用户的偏好模型为用户推荐网页的具体内容。

随着协同过滤算法的提出和发展，基于协同过滤算法的推荐系统应运而生。协同过滤推荐系统可以发现用户的潜在兴趣而不需要挖掘项目的属性信息，这种推荐系统对于流媒体，比如音乐和视频都可以进行较好的推荐，因此很受欢迎。GroupLens[18] 是一个基于自动写作过滤推荐方法的著名协同过滤推荐系统，于 1994 年成功发布，GroupLens 实现了对于新闻的预测，它的框架被后来的推荐系统所参考和学习，这是最早的协同过滤推荐系统之一，是协同过滤推荐的奠基者。1997 年，为了实现对电影的推荐，开发了非商业化推荐系统 MovieLens[19]，MovieLens 推荐系统通过用户在互联网上的访问内容去收集互联网网页信息，从而建立用户的兴趣模型，然后通过计算兴趣模型之间的相似性进行推荐。

推荐系统已经在国外很多电子商务网站进行了应用，例如雅虎网站推出的 SmartAds 方案[20]，雅虎掌握了用户的年龄、性别、地理位置、生活方式、收入水平等海量信息，网站对用户的浏览行为、搜索等进行了记录，通过计算得出用户感兴趣的广告信息，将这些广告推送给用户；Amazon 网站推出了项目到项目协同过滤推荐系统[21]，该推荐系统在线下建立了项目相似表，推荐系统首先观察相似表中用户的评级情况和购买情况，接下来通过计算得出客户的总数量和购买目录的数量，最后将推荐结果推荐给用户，该推荐系统改善了用户的使用体验，用户的满意度得到了较大幅度的提升。Amazon 推荐系统推荐转化率可以达到 60%，每秒通过推荐系统卖出的商品达到 73 件，该推荐系统为企业带来了巨大的经济效益；YouTube 采用的是基于项目的协同过滤推荐系统，通过该推荐系统完成了 4 000 多万个视频的推荐，取得了良好的推荐效果[22-23]。近年来，研究人员通过不断的努力去优化和改进推荐算法，杨桑丘等人于 2013 年提出了新的推荐算法，该推荐算法通过项目偏好进行聚类，从而构建推荐系统，推荐算法中重点考虑转化率、时效性、频率三个重要因素，并取得了较好的推荐效果。

近年来，国内对推荐系统的研究主要侧重于某一种推荐方法的研究，而针对各种技术和方法的融合做得还不够，与国外推荐系统的研究和发展比较，国内的研究工作还有很多不足，为此国内的专家和学者在推荐系统领域做了很多尝试和探索。华南理工大学的陈健和复旦大学的邓爱林对用户-项目评分矩阵进行了研究，重点解决推荐系统的稀疏性问题，并提出了有效的解决办法[24-25]；清华大学的曾春对个性化服务体系结构、个性化推荐技术以及在这些领域的主要科研成果进行了综述，对国内推荐系统进行了总结，有着很强的指导意义[26]；中国科学院计算机研究所的吴潇、许海玲等人对个性化推荐的三种核心推荐技术进行了比较研究，总结出三种推荐技术的优点和缺点，并提出了下一步的解决方案[27]；很多学者和研究人员对推荐算法进行了优化和改进工作，提出了基于协同过滤和内容的混合推荐算法，并对推荐算法的效率进行了分析和比较[28]。

随着国内电子商务的飞速发展，许多企业开始关注推荐系统的发展，并逐渐对推荐系统进行应用。但是在应用方面，需要用户的积极参与。相对而言，自动化程度偏低，随着个性化推荐需求的增长和企业业务量的增大，国内的很多企业加大了对推荐系统应用的投入力度。国内知名网站淘宝、京东、1 号店等电子商务平台开始逐步推广应用推荐系统，作为国内电子商务的知名企业和领头羊，这些电子商务平台的推荐系统重点分析了用户的购买记录、购物车以及收藏夹，建立了用户购买商品的兴趣模型，然后将与用户购买兴趣相似的商品和店铺推荐给消费者，引导消费者的新的购买行为[29]。这种推荐方法属于基于内容的推荐，虽然效果尚可，但是无法发现消费者的潜在购买兴趣，仍存在一定缺陷。

北京百分点信息科技有限公司是国内第一家关于推荐系统的科研企业，它于 2009 年 7 月成立，在它的数据平台和搜索引擎上汇集了几百家国内和国外的知名资讯网站和电子商务网站，该企业重点研究搜索引擎技术及其解决方案，每天都为上万名消费者提供感兴趣的商品推荐，并取得了良好的推荐效果[30]。

李彦宏于 2011 年 9 月在百度世界大会上宣布，云计算、推荐引擎、搜索引擎已成为今后互联网的重点发展方向和战略规划，用户登录百度首页，将得到自己喜欢和感兴趣的网站信息和 APP 链接。

梁昌勇和冷亚军等人[31] 于 2013 年提出了一个基于项目的协同过滤推荐算法，该算法可以根据群体当中成员的相互作用确定群体偏好，根据群体偏好来产生推荐。该推荐算法专门用于向群体用户进行推荐，对于成员当中的未评分项目实现预测填充，预测填充采用的方法是领域专家法，该算法重点考虑了成员之间的相似关系，最后用实验证明该算法的有效性。

王瑞琴等人[32] 针对传统的协同过滤推荐算法普遍存在推荐性能低和抗攻击能力弱的问题，于 2016 年提出了一种基于多元社交信任的协同过滤推荐算法。该算法借鉴社会心理学中的信任产生原理，提出基于多个信任要素（可信度、可靠度、亲密度、自我意识导向）的信任度计算方法，王瑞琴等人深入研究了社交网络环境中各信任要素的识别、提取和量化方法，基于用户间的综合信任度选取可信邻居，完成对目标用户的个性化推荐。

国内外的专家、学者对推荐算法和推荐系统做了大量的研究工作，并在众多领域进行了应用研究，但是一直无法找到完美、无缺陷的解决方案。随着互联网技术的发展和电子商务平台的兴起，对于推荐算法和推荐系统的研究有着重要的意义和价值。

1.2.2 关联规则研究现状

关联规则挖掘算法中效率比较高的挖掘算法是 FP-growth 算法。FP-growth 算法与其他算法不同，该算法将数据库全部压缩到频繁模式树下，采用分而治之的方法，将压缩后的频繁模式树分解为条件数据库，并对每个数据库进行分解挖掘。FP-growth 算法的优势主要如下：不需要多次扫描数据库，仅扫描数据库两次，因此不会产生庞大候选集；挖掘过程中减少了搜索空间范围，空间效率和时间效率有大幅度提升。但是 FP-growth 算法也有自身的缺点，例如当数据库非常大且极度稀疏时，递归运算和挖掘处理需要非常大的空间，并且置信度和支持度必须确定下来才可以进行。

为了克服 FP-growth 算法的缺点和不足，格瑞尼等人对 FP-growth 算法进行了优化和改进[33]，改进后的算法引入了数组结构，这样，在提取模式时，避免了频繁构造模式树的遍历，可以提高运行效率，减少遍历时间。该算法对于稀疏数据集的处理效果比传统的 FP-growth 算法要好。

关联规则挖掘算法中最有影响力的算法是阿格拉沃尔在 1994 年提出的 Apriori 算法。Apriori 算法可以生成强关联规则，并且发现所有频繁项集，关联规则挖掘中的关键步骤是发现频繁项集，Apriori 算法可以利用自身性质来对频繁项集进行修剪操作[34]。

Apriori 算法需要多次扫描数据库，效率不高，为了解决这些问题，阿格拉沃尔等人提出了 AprioriTid[35]算法，该算法是根据 Apriori 算法进行演化发展而来的。AprioriTid 算法首先对数据库进行一次扫描，接下来只扫描上次生成的候选项集，扫描的同时计算频繁项集的支持度，扫描数据库的时间大大降低，算法的效率有所提高。阿格拉沃尔等人将 AprioriTid 算法与 Apriori 算法进行有机融合，提出了 AprioriHybird 算法[36]，初始扫描数据库时，应用该算法；当生成的候选项集能够放入内存中处理时，应用 AprioriTid 算法；当找出所有频繁项集时，结束。帕克等人通过研究提出了 DHP 算法[37]，该算法利用 Hash 表技术降低了算法执行过程中空间和时间的开销，将数据集和候选项集进行了修剪，该算法的不足在于需要多次扫描数据库，且需要生成多个候选项集[38]。

传统关联规则挖掘算法存在一些缺点和问题，很多学者引入了群智能算法和启发式算法去解决这些问题。引入算法的基本过程如下：

首先将要解决的实际问题进行二进制编码，接着为群智能算法定义适应度函数，根据适应度函数的值求出频繁 1 -项集；然后利用搜索运算对频繁 1 -项集进行优化，利用选择运算产生下一代频繁项集，经过若干次的迭代，算法满足终止条件；最后输出关联规则。这些算法只需要对数据库进行一次扫描，通过数据库的扫描和给定的映射将数据库映射为二进制矩阵 $\boldsymbol{M}$，在二进制矩阵 $\boldsymbol{M}$ 上可以完成对数据库 D 的所有操作。该算法可以将求解关联规则中最长频繁项集的问题转化为求解生物问题，将生物种群个体对应为优化变量，将生物种群的进化过程与求解优化问题算法进行类比。单目标关联规则挖掘算法的实例包括蚁群算法[39]、遗传算法[40] 和粒子群优化算法[41] 等，这些算法通过一个自动搜索过程替换对置信度和支持度的设置，不需要单独对它们进行设置。

将启发式算法在关联规则挖掘问题中进行应用，是在 2004 年由萨格尔等人提出的[42]。由于传统关联规则挖掘算法没有考虑负面属性问题，萨格尔等人利用遗传算法对 Apriori 算法的频繁集进行了优化，优化后的算法可以发现高层次频繁集，产生了负关联规则。FP-growth 算法和 Apriori 算法[43]在处理属性问题和进行全局搜索时，比不上遗传算法的性能，因此，维斯乌阿和贝瑞阿米尔巴等人提出了一种关联规则优化解决方案，将理解度、兴趣度作为多目标优化标量，给出了基于多目标的遗传算法，并将该算法应用于数值关联规则挖掘中[44]，该算法把数值变量离散化后进行编码，考虑到多个关联规则评估量，该算法在数值型数据挖掘中表现极佳。哈迪雷恩等人将聚类应用于计算频繁集过程中的支持度阶段，提出了新多目标遗传聚类算法[45]，该算法针对每个事物中的项目集进行聚类，计算支持度的时间大大缩短，效率得到提升，但是新多目标遗传聚类算法要多次扫描磁盘，仍然存在一定的问题。

随着启发式算法研究的深入，遗传算法在关联规则中的应用日益广泛，接下来群智能算法也逐步应用到关联规则的挖掘中。阿迪塔斯等人在2008年提出了一种多目标差分进化数值关联规则挖掘算法[46]，该算法设置了理解度、广泛度、支持度、模糊集的广泛度四个优化目标，对关联规则挖掘进行优化，模糊集的广泛度用来优化规则的最小化和项目的设置，它表示模糊集的幅度。后来，阿迪塔斯等人使用混合的粒子群优化算法，提出了新的关联规则挖掘方法，之后，阿迪塔斯等人又提出了名为混沌粒子群算法的关联规则挖掘算法。基于粒子群算法进行改进的关联规则挖掘算法具有快速的全局收敛速度的优点，但是这些算法都具有数据依赖关系的问题[47-48]，而且往往会陷入局部最优。

库沃等人[49] 早在2011年就证明了粒子群优化算法能够提高关联规则的挖掘性能。由于粒子群优化算法能够快速而准确地找出最佳的最小支持度和最小置信度阈值，为此，库沃等人将粒子群优化算法应用在大型数据库中，并取得了良好的效果。粒子群优化算法为了提高计算效率，将数据集转化为布尔矩阵，调用目标函数对最佳支持度和最佳置信度进行搜索，但是该算法对于二进制粒子群的优势并没有进行充分的考虑。库普塔等人[50] 在2012年提出了加权粒子群优化关联规则挖掘算法，在该算法中，增加了权重设置，并提取了参数中的有价值信息，对于寻找最小置信度和最小支持度阈值问题效果明显。

南迪尼等人[51] 在2012年应用本体域的概念，给出了关联规则挖掘算法本体论；同年，阿萨迪等人[52] 利用粒子群优化算法，对支持度的阈值进行了搜索。南迪尼和阿萨迪等人认为，本体域和关联规则挖掘算法的结合，在不降低关联规则挖掘质量的同时，能够降低生成关联规则的数目。阿伯都丽佳巴等人[53] 在2012年将关联规则挖掘与二进制算法进行结合，该算法可以挖掘出负关联规则，将负关联规则与粒子群优化算法结合在一起，对关联规则挖掘算法进行了创新。萨如尔思等人[54] 在2013年将关联规则挖掘与二进制算法进行结合，该算法不设定支持度和置信度，而是对关联规则进行二进制编码，利用粒子群优化算法搜索二进制空间，寻找最优规则。

米查尔和若森提恩[55] 在 1988 年提出了时间序列的概念，标志着时间序列和数据挖掘技术相结合的开端。时间序列的数据挖掘技术从 20 世纪 90 年代开始发展，从最初的相似性分析到目前的人工智能多学科交叉性研究，研究范围越来越广泛，研究内容逐步深入，数据挖掘技术在时间序列的研究方向主要有聚类分析、预测技术、关联与序列分析、分割以及相似性查找、可视化和异常检测、模式挖掘、趋势分析等。韩家炜等人为了研究一定周期内的模式问题，应用数据挖掘技术对数据库部分周期片段和数据库周期进行研究。在此基础上，瑞查得和珀维尔尼等人结合太肯理论，提出了基于时间序列的数据挖掘框架模型[56]。

很多学者做了大量基于时间序列的关联规则挖掘研究工作。毕普库姆萨克尔 [57]应用并行算法，挖掘了时间序列数据之间的关联关系，该算法首先对样本进行分割，然后对样本进行抽取，最后对样本进行聚类。经过该算法对数据的处理，能够较好地挖掘时间序列数据之间的关联关系。在国内外对关联规则挖掘算法的研究中，很多学者对经典的关联规则挖掘算法进行了改进，例如对 Apriori 算法的改进[58]。除此之外，罗伯特列举了神经网络在金融领域应用的实例[59]，菲尔西斯[60] 提出了一种基于时间序列的自适应参数支持向量机预测方法，维勒尔瑞等人[61] 应用支持向量机方法对金融数据进行了预测。

1.3 推荐系统面临的问题

经过若干年的研究和应用，推荐系统在社会生活生产各个领域都有较多的成功案例，它已经成为电子商务业务不可或缺的一部分，它的理论依据和框架已经搭建完备。但是随着互联网用户数量的增加，网络信息量随之大量增长，传统推荐系统的缺点和固有问题给推荐系统的进一步发展和应用带来了新的挑战，这些固有问题是本书需要研究解决的重点内容。

1.3.1 冷启动问题

造成冷启动问题的主要原因在于推荐系统过于依赖用户-项目评分数据，因此需要在推荐系统中引入其他参考信息，例如用户的特征信息（如姓名、年龄、爱好、性别、特长等）和项目的属性信息（如电影类型、导演、题材、表达主题等）。冷启动问题可以划分为新项目问题和新用户问题[62]，项目和用户是推荐系统中最重要的对象，这两者之间是通过评分来进行关联的。对于项目，评分反映了该项目的受欢迎程度；对于用户，评分反映了用户的兴趣和爱好。当系统中增加一个新项目的时候，虽然没有任何用户对该项目进行评分，但是基于内容的推荐算法可以通过对内容的分析，建立项目内容描述模型，通过该模型可以有效地对新项目进行推荐。对于协同过滤算法，由于缺少新项目评分数据，无法进行项目相似度计算和评分预测，因此无法进行推荐；当系统中增加一个新用户的时候，由于没有该用户的任何信息和相关数据，系统无法获取用户的相关兴趣信息，因此推荐系统也无法进行推荐。

1.3.2 稀疏性问题

数据稀疏性对推荐影响很大。比如说，对于相似性计算，用户-项目的评分矩阵是用户的相似性的主要因素，非常稀疏的用户-项目评分矩阵会造成对象之间评分数据的数量严重不足，这就导致用户间相似度计算结果偏差较大或者过于片面，造成计算结果不准确。在预测评分方面，如果数据过于稀疏，很难找到用户的最近邻，这样对用户的评分预测就无法进行，导致推荐算法的推荐覆盖率降低，甚至不能进行推荐。用户对项目评分值的高低说明了他对项目兴趣程度的高低，评分低代表用户对项目的兴趣不大，评分高代表用户对该项目兴趣浓厚。因为项目的信息量非常大，因此用户-项目评分矩阵一般来讲是高维矩阵，用户在高维项目空间中通常会对较少的项目进行评分。在项目评分矩阵中，大量的项目是没有被访问过的，这是导致数据稀疏性问题的根本原因。数据稀疏性实际上是数据缺失问题，用户-项目评分矩阵稀疏性有时候会达到99%以上[63]，在没有足够多的用户评分数据时，推荐算法的推荐质量非常低，稀疏性问题是目前推荐算法中亟须重点研究的问题[64]。

1.3.3 特征提取问题

由于多媒体信息特征提取技术的局限性，对于多媒体信息推荐的研究进展十分缓慢，截至目前，对多媒体信息推荐仅限于用户标注的标签所产生的推荐。目前存在的特征提取技术[65]在文本类信息中的应用相对已经比较成熟，但是互联网中大量信息的表现形式是多媒体信息，研究人员无法为用户推荐多媒体信息，这也是推荐技术目前存在的很大的缺点，科研人员必须加强和完善对多媒体信息的推荐能力和方法的研究。

1.3.4 可扩展性问题

随着电子商务领域推荐系统的用户和项目数量的不断增加，推荐算法的可扩展性越来越引起人们的注意，当用户和项目的数量级达到非常高的程度时，可扩展性问题变得越来越重要。这对于推荐时效性要求比较高的网站来说压力很大，比如一些在线网站需要对用户进行及时、快速的推荐。目前大多数推荐算法都不具有良好的可扩展性，解决可扩展性问题的主要方法包括分类、聚类、降维等[66]。一些算法可以部分解决可扩展性问题，例如邻近算法（k-nearest neighbor，KNN)，该算法只考虑相似性高于阈值部分的邻居用户，或者目标用户中相似性最高的用户，这在一定程度上降低了推荐过程当中的时间开销，但还需要进一步研究和改进。

1.3.5 其他问题

推荐系统还面临很多其他问题，例如隐私问题、安全防护问题等。要解决这些问题，有很多方法，比如采用相应的制度来保护隐私数据或者利用防火墙、提高安全级别来保护推荐系统的安全等[67-68]。

1.4 推荐算法分类

推荐算法是决定推荐效果的关键，它是推荐系统的重要模块。截至目前，很多专家、学者为了提高推荐系统的效率，都对推荐算法进行了深入的研究。不同的推荐算法需要解决的问题不一样，它们的应用领域也不一样，推荐效率更有很大区别。下面介绍几种目前已经存在的主要的推荐算法。

1.4.1 基于关联规则的推荐算法

关联规则[69] 可以帮助人们挖掘项目之间存在的某种联系，这种算法以关联规则为基本要素，把用户的偏好项目作为先导，把需要寻找的目标项目作为后继，从后继中按照相应的规则得出推荐列表，推荐给用户。例如，在某电子商务网站中，可以挖掘出购买尿布的用户往往喜欢购买啤酒的规则。基于关联规则的推荐算法的缺点：如果挖掘出的关联规则不理想，那么推荐效果也就不佳。随着用户信息和商品信息的增长，挖掘出的规则数量越来越大，推荐的难度也会相应增加。基于关联规则的推荐算法的优点：通用性较强，可以在很多领域进行应用，能够对用户感兴趣的信息和资源进行预测和推荐。

1.4.2 协同过滤推荐算法

协同过滤推荐算法[70] 目前可以分为两种：基于模型的推荐算法和基于记忆的推荐算法[71]。基于模型的推荐算法通过用户的历史使用数据，例如浏览、搜索、收藏等构造出用户模型，然后根据用户模型得出用户的偏好，最后实现对用户的推荐。基于模型的推荐算法运用数理统计、机器学习、数据挖掘等方法来实现，该推荐算法能够在一定程度上解决用户-项目评分矩阵的稀疏性问题。基于记忆的推荐算法使用用户之间或者物品之间的联系来向用户推荐从未见过的物品。基于记忆的推荐算法非常依赖相似性度量，比如皮尔森相关系数、余弦相似性等，这种方法把相似的物品或用户匹配起来，用矩阵的行表示用户，用矩阵的列表示物品，对矩阵的行或者列使用相似性度量方法获得相似度值。

1.4.3 基于内容的推荐算法

基于内容的推荐算法[72] 主要是通过项目的具体内容产生推荐，不需要用户对项目的评分信息。对于协同过滤推荐算法，主要考虑的是用户对项目的评分数据，忽略了其他信息。忽略的信息往往是用户和项目的特征信息，比如电影的导演、主演、人物性格、时代背景等信息，用户的爱好、年龄、身份、国籍、性别等信息。如果将这些特征信息应用到推荐系统中，势必会产生更好的推荐效果，这就是基于内容的推荐算法重点要研究和解决的问题，也是基于内容的推荐算法的优势。但是基于内容的推荐算法也有劣势，该算法对于多媒体信息的推荐效果不佳，因为多媒体信息的特征提取难度较大，比如难以提取视频、音频、图像等信息的特征，因此基于内容的推荐算法在多媒体信息领域应用较少。

1.5 本书的研究内容及创新

1.5.1 研究内容

1. 对关联规则挖掘效率问题的研究

为了解决关联规则挖掘算法多次扫描数据库，造成效率低、性能下降等问题，本书提出了两种新的算法——IAA（improved algorithm of Apriori）和 IAFG（improved algorithm of FP _ growth）。把基于矩阵对经典的 Apriori 算法进行改进，提出了 IAA 算法，该算法将事务数据库转化为布尔矩阵，只需扫描一次数据库，在挖掘的过程中，通过减少多余的行列，从而减少需要扫描数据的数量。针对 FP-growth 算法的缺点，基于分解矩阵对其改进，提出了 IAFG 算法，该算法首先将事务数据库转化为布尔矩阵，然后将矩阵分解为若干个子矩阵，分别对每个子矩阵使用 FP-growth 算法。IAFG 算法在数据库规模庞大时，能够有效地提高运行效率。实验结果表明，IAA 算法和 IAFG 算法能够有效地发现有用的关联规则，在一定程度上提高了关联规则挖掘的效率，适用于大数据。

2. 对推荐准确性问题的研究

为了解决关联规则推荐算法在有用户评分的数据上推荐不准确的问题，对分类随机漫步推荐算法进行了改进，提出了一种新的分类随机漫步推荐算法，即 NCRWRA（new classification random walk algorithm）。将 NCRWRA 算法与基于内容的推荐算法和协同过滤算法通过 DOA 评价标准进行比较，实验结果表明，NCRWRA 算法在多个数据集上都比传统的协同过滤算法和基于内容的推荐算法有更好的推荐结果。为了解决分类随机漫步推荐算法不能为新用户进行推荐的缺点，即新用户没有任何评分数据的问题，提出了基于关联规则挖掘的分类随机漫步推荐算法，即 CRWRABARM（classification random walk recommendation algorithm based on association rule mining）。CRWRABARM 算法利用关联规则挖掘计算用户属性与项目之间的关联关系，利用这些关联关系为新用户构建一个初始的评分向量，之后为该用户计算推荐结果。本书使用了 3 个数据集来进行实验，实验结果表明，该算法对于新用户推荐具有良好的效果。

3．对推荐冷启动问题的研究

为了解决传统推荐算法的冷启动问题，提出了基于标签和协同过滤的组合推荐算法。基于标签和协同过滤的组合推荐算法进行两次过滤，第一次是在标签系统中，根据用户的标签相似性进行过滤，得到基于标签相似性用户的 K_1 个最近邻。把第一次过滤结果作为第二次的标签输入，根据用户的评分相似性，计算出用户的 K_2 个最近邻，然后得到用户的预测评分，进而选择预测评分最高的前 N 个项目推荐给用户。实验结果表明，基于标签和协同过滤的组合推荐算法对于传统的协同过滤在推荐效果方面的改进是有效的。

4．对推荐稀疏性问题的研究

为了解决推荐系统的稀疏性问题，提出了基于关联规则的矩阵预填充相似性度量模型，即 TMPSMMBAR（the matrix pre-filled similarity measure model based on association rule），并在该模型的基础上，提出了两种推荐算法，即 First proposed 算法和 Final proposed 算法，关联规则能够根据项目的相似性挖掘出项目之间的关联关系。接下来，充分利用这些生成的规则来预填充用户-项目矩阵，对于没有关联规则的项目，用平均值而不是零进行填充。为了配合推荐算法，提出了一种新的数据结构，在这种数据结构中，放置了一个“flag”标志。实验结果表明，提出的模型和算法对于高稀疏性数据具有较好的处理效果。

1.5.2 创新

第一，提出了基于 Apriori 和 FP-growth 的关联规则挖掘算法——IAA 和 IAFG。IAA 只需要扫描一次数据库，减少了需要扫描数据的数量，缩短了算法的执行时间，提升了算法的执行效率。IAFG 能够将事务数据库转化为布尔矩阵，然后将矩阵分解为若干个子矩阵，分别对每个子矩阵使用 FP-growth 算法，有效地提高了运行效率。

第二，提出了 NCRWRA 和 CRWRABARM。NCRWRA 算法建立了用户-项目的相关图，在相关图上，利用基于项目分类的随机漫步，不断地迭代去计算推荐结果，避免了传统推荐算法的缺点，具有较好的推荐效果。CRWRABARM 算法利用关联规则挖掘计算用户属性与项目之间的关联关系，利用这些关联关系，为新用户构建一个初始的评分向量，之后为该用户计算推荐结果，这一算法实现了对新用户进行推荐，并且具有良好的推荐结果。

第三，将标签和协同过滤进行组合，提出了基于标签和协同过滤的组合推荐算法，即 CRABL-CF（combination recommendation algorithm based on label and collaborative filtering），该推荐算法能够计算出用户的标签相似性，给不同的标签赋予不同的权重，并且按照相似性由大到小得到用户的 K_1 个邻居用户。然后采用传统的协同过滤，计算用户与 K_1 个邻居用户的评分相似性，得到最终的 K_2 个邻居用户，产生预测评分。CRABL-CF 算法将可以代表用户、资源本身特性的标签融入协同过滤中，较好地解决了推荐系统冷启动问题。

第四，为了解决推荐系统的稀疏性问题，本书提出了基于关联规则的矩阵预填充相似性度量模型，并在该模型的基础上，提出了两种推荐算法。为了配合推荐算法，本书提出了一种新的数据结构，在这种数据结构中，放置了一个“flag”标志。实验结果表明，本书提出的模型和算法对于高稀疏性数据具有较好的处理效果。

1.6 本书的结构安排

本书分为 7 章，各部分内容安排如下：

第 1 章，首先介绍本书的研究背景、意义及国内外推荐系统和关联规则的研究现状，指出推荐系统存在的问题及进行推荐方法和关联规则研究的紧迫性；其次介绍本书的研究内容及创新；最后介绍本书的结构安排。

第 2 章，首先介绍与本书推荐方法相关的经典推荐系统的基础概念和设计方法，其次重点介绍经典推荐算法的种类和推荐系统的评价标准，最后介绍关联规则的基础概念、挖掘步骤和评价方法。

第 3 章介绍基于 Apriori 和 FP-growth 的关联规则挖掘算法——IAA 和 IAFG。首先介绍关联规则的基础理论知识，研究了几种经典的关联规则算法；其次提出 IAA 和 IAFG；最后对实验结果进行分析和讨论。

第 4 章介绍 NCRWRA 和 CRWRABARM。首先介绍分类随机漫步推荐算法的基础理论知识和经典关联规则算法，其次介绍 NCRWRA 算法和 CRWRABARM 算法，最后对实验结果进行总结和讨论。

第 5 章介绍 CRABL-CF。首先简要介绍相关算法和知识的基础理论，其次介绍 CRABL-CF 算法，最后对实验结果进行总结和讨论。

第 6 章介绍 TMPSMMBAR 和两种相关算法。首先介绍相关模型的基础理论知识，其次介绍 TMPSMMBAR 及相关算法，最后对实验结果进行分析和讨论。

第 7 章对本书的研究工作及创新做全面总结，并提出了进一步的工作设想。

第 2 章

推荐系统与关联规则

为了实现推荐目的，科研人员提出过大量的解决办法，其中最为典型的是搜索引擎，诸如百度、谷歌等搜索引擎最为常用。用户在使用搜索引擎时，一般会输入关键词，搜索引擎需要用户以关键词形式对自己的需求信息进行准确的描述，否则无法进行准确搜索，也得不到用户的需求信息，但是这种方法并不能解决用户的个性化需求问题。推荐系统与搜索引擎不同，它不需要用户提供关键词信息，只要通过分析和处理，就能够向用户推荐满足用户兴趣和爱好的信息，从而可以较好地解决用户的个性化需求问题。

本章主要介绍推荐系统基础理论知识及经典推荐算法，然后对推荐系统的重要技术关联规则进行简要介绍。

2.1 推荐系统描述

推荐系统可以从大量的信息中挖掘出用户需要的信息推荐给用户，推荐系统又是一种特殊的信息过滤系统[73]。瑞斯尼克·维尔瑞[74] 在《推荐系统》一文中对推荐系统做出的定义如下："推荐系统是利用电子商务网站向用户提供购买商品的建议和意见，模拟销售人员辅助客户完成整个购买过程，它可以帮助客户决定购买哪种商品。"推荐系统对用户的历史兴趣和爱好信息进行技术分析，在项目空间中分析、确定用户现在和未来可能喜欢的项目，从而主动向用户推荐相应的项目信息。推荐系统主要分为以下几个组成部分。

2.1.1 输入模块

输入模块的主要作用是获取信息，推荐系统所采用的策略不同，对输入信息的要求也不同。比如，基于内容的推荐系统要求输入的信息必须是项目的属性和用户的偏好信息，而基于协同过滤的推荐系统要求输入的信息是用户的个人信息和用户对项目的评分等。由于输入信息的来源不同，所以可以将输入信息分为隐式评分和显式评分。

隐式评分是一种比较常用的评分方法，该方法在后台收集用户的偏好信息，包括用户的日志、搜索关键词、购物车中的商品、状态、收藏夹中的收藏等，这些信息被推荐系统转化为兴趣模型，根据兴趣模型的计算结果为用户进行推荐。隐式评分的优点主要如下：

(1) 能够缓解用户评分矩阵的稀疏性，比如将用户在浏览网页时的停留时间作为用户的偏好信息输入推荐系统中，随着类似处理的增多，推荐系统的推荐结果也就更加合理和准确。

(2) 用户的不经意行为为推荐系统提供了推荐信息，使用户能够摆脱对项目烦琐的评分、评价以及个人信息注册等操作过程。

尽管隐式评分有很多优点，但同时存在缺点，例如隐式评分能否代表用户的偏好等。尽管目前大多数推荐系统依靠协同过滤方法，依靠用户的显式评分，但是隐式评分可以作为显式评分的有益补充，随着科技的进步、网页信息挖掘技术的不断成熟和完善，隐式评分的作用越来越受到重视。

显式评分来源于网站的注册信息、用户对项目的评分信息等，该评分可以准确地描述用户的偏好，建立用户的兴趣模型，从而进行较准确的推荐，但显式评分需要用户主动提供评分信息，这在一定程度上影响了用户的顺畅体验和操作。目前，很多网站只需要用户提交邮箱就可以完成注册，用户本身也不会在注册环节花费大量时间，而且很难对所有商品或项目进行评分，大多数时间用户都处于网页浏览状态，真正可利用的用户评分信息非常有限。显式评分虽然来源于用户的直接个人信息，比较容易进行推荐，但往往由于信息量不足，会产生稀疏性问题。

2.1.2　输出模块

不同类型的推荐系统输出的结果是不同的。电子商务网站以电子邮件进行输出，将推荐系统产生的推荐结果以邮件的形式交给用户，用户理解起来更加容易，这样一来，用户群体也更容易保持；协同过滤推荐系统对用户的评分项目进行预测评分，作为输出结果，这样的输出有利于系统的重复利用，输出也更加直接，但是会远离用户；基于内容的推荐系统主要输出与活动项目相类似的项目，这样的输出有利于进行推荐。

2.1.3　推荐算法

推荐算法是决定推荐系统优劣的重要因素，推荐技术可以分为协同过滤推荐技术、基于内容的推荐技术、混合推荐技术等[75-80]。不同的推荐技术推荐质量不同，其产生的推荐结果也不一样。推荐系统主要分为三种模块：①推荐算法模块；②用户喜好模型分析模块；③行为记录模块[81-86]。推荐算法模块是推荐系统最核心的部分，系统可以利用后台的推荐算法，实时地筛选出用户感兴趣的信息进行推荐；用户喜好模型分析模块能够对用户的行为记录进行分析，如购买、浏览、下载等行为，通过对这些行为记录的分析，建立合适的模型描述用户的喜好；行为记录模块用来记录用户的喜好行为，如问题、评分等，问题和评分相对来说比较容易收集，有些用户不愿意向系统提供这些信息，只能采用其他方法对用户进行行为分析。

2.2 经典推荐算法

对于一个给定的数据集，推荐算法所涉及的相关数据主要包括项目集 $M=\{m_1, m_2, \cdots, m_{|M|}\}$，用户集 $U=\{u_1, u_2, \cdots, u_{|U|}\}$，用户 u_i 对项目 m_j 的评分 $r_{i,j}$。经典的推荐算法主要有协同过滤推荐算法、基于内容的推荐算法、混合推荐算法等。

2.2.1 协同过滤推荐算法

协同过滤的最大优点是可以处理视频或者音乐等非结构化格式的项目，它可以发现用户的潜在兴趣，不需要对项目的属性和特征进行计算。顾得博尔德的文章最早提出了协同过滤的概念[87]，有些学者也把协同过滤称为社会过滤或者社会推荐。协同过滤的基本思想是具有相似偏好的用户喜欢的东西也是相似的。例如一个用户想要观看一部电影，但是没有确定的方向，那么该用户可以到电影网站求得推荐或者求助身边的朋友看看有什么好的电影推荐，此时该用户会选择跟自己具有相似品味的朋友求得推荐。

基于协同过滤的推荐算法不同于其他类型的推荐算法，它是一种域独立技术，该算法通过与用户具有相似性的邻居的项目评分情况为该用户做出推荐，最终的推荐可以是具体推荐结果或预测评分。该算法不能像视频或者音乐那样通过元数据来进行描述，它需要对用户-项目评分矩阵进行维护，通过计算得出相似性用户的相关兴趣和偏好，这些相似性用户被称为“邻居”。预测评分用 R_{ij} 表示，它代表一个具体数值，是用户 i 对项目 j 的评分，推荐的结果是排名在前 M 的用户感兴趣项目的推荐列表。协同过滤推荐技术可以分为基于记忆的协同过滤和基于模型的协同过滤。

1. 基于记忆的协同过滤

基于记忆的协同过滤可以用基于项目的方法或者用基于用户的方法实现。基于项目的方法是根据不同的用户对所有项目的评分数据情况来建立项目相似性模型，从而判断不同项目之间是否具有相关性，然后选取 M 个与活动具有相似性的项目评分，进行加权求和，得出用户对项目的最终评分；基于用户的方法是通过不同用户对项目的评分比较，从而得出用户之间的相似性，以最近邻对于项目的评分数据为基础，按照某种方式进行加权求和，计算得出用户对于该项目的偏好。用户对项目的历史评分数据在寻找与该用户具有相似偏好的最近邻问题时，起到了重要参考作用[88-89]。找到最近邻后，通过不同的推荐算法结合最近邻的偏好计算产生最终推荐结果。计算相似性问题有多种不同方法，最为典型的相似性度量方法包括基于余弦相似性方法和基于皮尔逊相关系数方法。

度量两个变量线性相关性问题可以选用皮尔逊相关系数方法，皮尔逊相关系数是一种非常好的度量工具[90]，其定义如公式（2.1）所示：

$$S(a,\ u)=\frac{\sum_{i=1}^{n}(r_{a,\ i}-\overline{r_a})(r_{u,\ i}-\overline{r_u})}{\sqrt{\sum_{i=1}^{n}(r_{a,\ i}-\overline{r_a})^2}\sqrt{\sum_{i=1}^{n}(r_{u,\ i}-\overline{r_u})^2}}。\tag{2.1}$$

其中，$\overline{r_a}$ 表示用户 a 对 n 个项目的平均评分，$r_{a,\ i}$ 表示用户 a 对项目 i 的评分。通过计算得出 $S(a,\ u)$，它表示用户 a 和用户 u 的相似度，用户对项目的预测评分可以由其自身的平均评分和最近邻的评分加权偏差值来获得，如公式（2.2）所示：

$$p(a,\ i)=r_a+\frac{\sum_{i=1}^{n}(r_{u,\ i}-\overline{r_u})\times S(a,\ u)}{\sum_{i=1}^{n}(|S(a,\ u)|)}。\tag{2.2}$$

其中，$\overline{r_u}$ 表示用户 a 对 u 个项目的平均评分，$r_{u,\ i}$ 表示用户 u 对项目 i 的评分，$S(a,\ u)$ 表示用户 a 和用户 u 的相似度。

余弦相似性与皮尔逊相关系数不同，余弦相似性判定用户相似性的指标是用户向量之间的夹角，也称为余弦相似度。余弦相似性是基于线性代数的方法，不是统计学方法，它是一种基于空间向量的模型。

余弦相似度在信息抽取或文本挖掘领域被广泛使用，文本信息都以词向量的形式来比较两者之间的相似性，如公式（2.3）所示：

$$S(\vec{u},\ \vec{v})=\frac{\vec{u}\cdot\vec{v}}{|\vec{u}|\times|\vec{v}|}=\frac{\sum_{i}r_{u,\ i}r_{v,\ i}}{\sqrt{\sum_{i}r_{u,\ i}^{2}}\times\sqrt{\sum_{i}r_{v,\ i}^{2}}}。\tag{2.3}$$

其中，$\vec{u}$ 和 $\vec{v}$ 表示项目名称，$S(\vec{u},\ \vec{v})$ 表示用户 $\vec{u}$ 和用户 $\vec{v}$ 的相似度。

2. 基于模型的协同过滤

为了弥补协同过滤算法的不足，基于模型的协同过滤使用评分数据学习模型。通过使用数据挖掘技术或机器学习技术来完成模型的建立，此类相关技术主要包括潜在语义分析技术、SVD 的降维技术[91-92]、回归技术、矩阵填充技术以及聚类技术等[93-103]。基于模型的协同过滤能够使用训练出的模型，快速为用户推荐一个相应的项目集合，从而产生和基于近邻的推荐策略相近的推荐结果。基于模型的协同过滤通过对用户-项目矩阵进行分析，可以有效地发现项目之间的关联关系，将关联关系和前 N 个推荐项目进行对比，该技术能够在一定程度上解决推荐系统的数据稀疏性问题。基于模型的协同过滤推荐算法与机器学习算法关系紧密，常用的机器学习算法主要包括决策树、关联规则、链接分析、回归分析、聚类算法、人工神经网络等[104-111]。

2.2.2　基于内容的推荐算法

基于内容的推荐算法是应用比较早的推荐算法[112-113]。基于内容的推荐算法的主要思想如下：为用户推荐用户喜欢的项目，这些项目和用户曾经喜欢的项目具有很强的相似性。比如用户 u 喜欢的书籍类型是诗歌、散文，书籍 M 是用户 u 喜欢的书，将书籍 M 和书籍 N 进行比较，发现两者的特征描述非常相似，于是可以把书籍 N 推荐给用户 u。基于内容的推荐不需要用户对项目进行评分，只需要根据用户喜欢的项目信息，对信息的特征进行分析，根据项目信息得出相似性。

基于内容的推荐可以分为三个步骤：第一步，特征抽取；第二步，利用用户偏好的项目信息，得出用户的偏好模型；第三步，产生推荐[114-115]。在现实情况中，每个项目都具有可以描述其特征的多个属性，比如学生的学号、姓名、身高、爱好等，或者电影的导演、主演、制片等。这些属性主要可以分为两类：结构化属性和非结构化属性。所谓结构化属性是指固定的、其值域限制在某个范围内的属性；非结构化属性是指不固定的、取值范围任意的属性。结构化数据的处理相对比较简单，因为这些数据本身是固定的，一般不会有太大的变化。非结构化数据有很多，例如日志等，非结构化数据需要转换为结构化数据之后，才能利用。下面以日志为例来说明对项目的非结构化属性的抽取过程。

对日志进行特征抽取属于信息检索的范畴，这里将使用到空间向量模型（vector space model，VSM）。

所有日志的集合表示为 $D=\{d_1, d_2, \cdots, d_N\}$，所有在日志中出现的词集合为 $T=\{t_1, t_2, \cdots, t_n\}$，可以理解为有 N 篇待处理的日志，而每篇日志中包含不同的词有 n 个。于是，一篇日志可以用一个向量表示：第 j 篇日志可以表示为 $d_j=\{w_{1j}, w_{2j}, \cdots, w_{nj}\}$，其中，第一个词 t_1 在日志 j 中所占的权重用 w_{1j} 来表示，w_{1j} 的值越大，说明这个词越重要。如果权值为1，表示词 t_1 出现在日志 j 中；如果权值为0，表示词 t_1 没有出现在日志 j 中。w_{1j} 的值也可以表示词 t_1 在日志 j 中出现的次数，次数越多，表示分词越重要。词频-逆文档频率（term frequency-inverse document frequency，TF－IDF）技术是计算这个权值最常见的方式。

在 TF－IDF 技术中，某个词在某个文档 d 中出现的次数用 TF 来表示，某个词在所有文档中出现的频率用 IDF 来表示。首先由总文档的数目除以出现这个词文档数目，得到商；然后对商取对数，得到 IDF，IDF 是对给定词普遍重要性的描述。假设标记为“日记”类日志文档 C 中包含词 t 的文档有 m 个，而其他分类中包含词 t 的文档总数为 k 个，那么所有包含词 t 的文档总数为 $n=m+k$，当 m 很大的时候，n 也会很大，而 IDF 的值就会很小，这说明包含词 t 的文档数目很多，为此词 t 不太适合作为区分文档的特征。如果某个词在文档中出现频率很高，但这个词出现在包含所有文件的集合中频率很低，那么这个词就可以作为这个文档的特征之一，因为这个词的权重很高。

因此，在所有词的集合中与第 j 篇日志中第 k 个词的 TF－IDF 为[116-121]

$$\mathrm{TF-IDF}(t_k.d_j)=\mathrm{TF}(t_k.d_j)*\lg\frac{N}{n_k}。\tag{2.4}$$

在式（2.4）中，所有日志集合中包含第 k 个词的文档数用 n_k 表示，第 k 个词在日志 j 中出现的次数用 $\mathrm{TF}(t_k,\ d_j)$ 表示。第 k 个词在日志中的权重表示为

$$W_{k,\ j}=\frac{\mathrm{TF-IDF}(t_k,\ d_j)}{\sqrt{\sum_{s=1}^{|T|}\mathrm{TF-IDF}(t_s,\ d_j)^2}}。\tag{2.5}$$

某个词在一个比较长的文档中出现的频率很高，但该文档和这个词的重要性可能无关，因此要做归一化处理。

2.2.3　混合推荐算法

协同过滤推荐算法和基于内容的推荐算法各有优缺点，可以把这两种算法组合在一起，从而发挥每种算法的优势，于是产生了混合推荐算法[122-123]。在协同过滤推荐算法中，算法过分依赖用户-项目评分数据，没有用户-项目评分，系统就无法进行推荐；对于基于内容的推荐算法，系统只要得到基于内容的用户模型，就可以进行推荐，算法不存在冷启动问题。但是这两种算法也有各自的缺点，例如，在某些情况下，推荐的精度会降低；在某些情况下，算法无法进行推荐。对于协同过滤推荐算法，如果用户对项目评分很少或者没有评分，那么邻居无法进行准确定位，从而无法进行准确推荐；基于内容的推荐算法所处理的非结构化属性只能用文本进行描述，算法将无法发现用户的潜在兴趣。

协同过滤推荐算法和基于内容的推荐算法具有互补性，可以利用这两种推荐算法的优点，将它们进行不同程度的组合，从而实现互补，这样，推荐的准确性会得到很大程度的提高[124]。

按照这两类推荐技术混合的阶段可以分为前融合、中融合和后融合[125]；按照两种技术的组合方式可以分为加权求和法[126]和融合基于内容推荐的协同过滤等方法[127]。

2.3　推荐系统评价标准

推荐系统搭建完成之后，对于推荐系统优劣的评价将成为推荐系统的重要组成部分，推荐系统的评价标准主要有以下几种。

2.3.1 推荐精度与召回率

推荐系统是根据产生的项目评分预测来向用户进行推荐的，为了衡量项目推荐的全面性和准确性，需要对推荐精度（Precision）和召回率（Recall）[128-129] 进行定义。Precision 表示系统精度，Precision 值越大，项目推荐的准确性越高；Recall 表示系统召回率，Recall 值越大，项目推荐的全面性越高。它们的表达式分别如下：

$$\text{Precision}_n = \frac{\text{num}(V_n)}{N}。\tag{2.6}$$

$$\text{Recall}_n = \frac{\text{num}(V_n)}{\text{num}(V_n) + \text{num}(W_n)}。\tag{2.7}$$

公式（2.6）和公式（2.7）中，N 表示项目的总数量；V_n 表示推荐成功的项目集合；W_n 表示没有获得推荐的项目；num 表示总数量；Recall_n 和 Precision_n 分别表示用户召回率和用户推荐精度。

Recall 和 Precision 分别表示系统召回率和系统推荐精度，从公式（2.8）和公式（2.9）可以看出，系统推荐精度是对用户推荐精度求平均值；系统召回率是对用户召回率求平均值。

$$\text{Precision} = \frac{\sum\limits_{n \subset U} \text{Precision}_n}{\text{num}(U)}。\tag{2.8}$$

$$\text{Recall} = \frac{\sum\limits_{n \subset U} \text{Recall}_n}{\text{num}(U)}。\tag{2.9}$$

2.3.2 准确性

衡量一个推荐系统优劣的重要方法就是计算准确性，即预测值和真实值的误差大小，这是一个可以进行量化的指标。推荐系统的有效性在很大程度上取决于推荐系统预测的准确性，它是推荐系统优劣最直接的衡量标准。评价推荐系统准确性的主要方法包括平均误差（MAE）、均方根误差（RMSE）、平均平方误差（MSE）三种方法[130-131]。

MAE 是通过对预测评分和真实评分求绝对距离的均值计算得到的，MAE 值和推荐结果成反比关系。MAE 值越小，推荐结果越准确；MAE 值越大，推荐结果越差。预测评分描述为 $P=(p_1, p_2, \cdots, p_n)$，真实评分描述为 $R=(r_1, r_2, \cdots, r_n)$，MAE 的计算如公式（2.10）所示：

$$\text{MAE}=\frac{\sum_{i=1}^{n}|p_i-r_i|}{n}。\tag{2.10}$$

MAE 能够对推荐系统的准确性进行很好的评价，但是不同的推荐系统评分标准不同，有的推荐系统评分标准为 1～10，有的推荐系统评分标准为 1～5，这种情况造成不同的推荐系统的 MAE 标准不同，其计算结果无法进行比较。因此，专家、学者提出采用 MSE 和 RMSE 两种评价指标。MSE 和 RMSE 的计算公式分别如下：

$$\text{MSE}=\frac{\sum_{i=1}^{n}(p_i-r_i)^2}{n}。\tag{2.11}$$

$$\text{RMSE}=\sqrt{\frac{\sum_{i=1}^{n}(p_i-r_i)^2}{n}}。\tag{2.12}$$

2.3.3　一致性

对于用户 u_k，所有的项目被分为测试集 Te_{u_k}、训练集 Tr_{u_k}、用

户未评分的项目集 Un_{u_k} 三部分[132-133]。推荐系统用户已经评分的项目通常比没有评分的项目的预测评分要高，这就表示在 Tr_{u_k} 和 Te_{u_k} 中，项目应该比 Un_{u_k} 中项目的评分要高。接下来定义一个函数 f_{u_k}，该函数用来表示三个数据集中的两个项目评分高低的比较。若测试集中的评分项目集比未评分项目集的评分高，则 $f_{u_k}=1$，否则 $f_{u_k}=0$。然后计算每个用户的DOA，并求出它们的平均值，用户 u_k 的DOA计算方法如公式（2.13）所示：

$$\mathrm{DOA}_{u_k}=\frac{\sum\limits_{(m_i \in Te_{u_k},\ m_j \in Un_{u_k})} f_{u_k}(m_i,\ m_j)}{|Te_{u_k}| \times |Un_{u_k}|}。\tag{2.13}$$

2.4 关联规则描述

2.4.1 关联规则概念

事务数据库是所有事务的集合，描述为 $D=\{t_1,\ t_2,\ \cdots,\ t_k,\ \cdots,\ t_n\}$，其中 $I=\{i_1,\ i_2,\ \cdots,\ i_m\}$ 是事务数据库中所有项目的集合，I 的子集是每个事务 t_k 包含的项集。所谓项集是包含0个或多个项的集合，它主要应用于关联分析中。如果一个项集中包含 k 个项，那么称它为 k -项集。包含特定项集的事务个数用支持度计数来表示，支持度计数是项集的重要性质，项集 X 的支持度计数 $\sigma(X)$ 表示为

$$\sigma(X)=|\{t_i \mid X \subseteq t_i,\ t_i \subseteq D\}|。\tag{2.14}$$

关联规则表示为形如 $X \rightarrow Y$ 的表达式，其中 X 和 Y 是不相交的项集，$X \subset I$，$Y \subset I$，且 $X \cap Y=\varnothing$。关联规则强度用置信度（confidence）和支持度（support）两个重要方法来进行度量。置信度表示 Y 在包含 X 的事务中出现的频繁程度。关联规则 $X \rightarrow Y$ 的置信度

confidence($X \rightarrow Y$) 的定义表示为

$$\text{confidence}(X \rightarrow Y) = \frac{\sigma(X \cup Y)}{\sigma(X)}。 \tag{2.15}$$

支持度表示规则在给定的数据集的频繁程度，关联规则 $X \rightarrow Y$ 的支持度 support($X \rightarrow Y$) 表示为

$$\text{support}(X \rightarrow Y) = \frac{\sigma(X \cup Y)}{N}。 \tag{2.16}$$

其中，N 表示事务总数。

评价关联规则的两个重要指标是置信度和支持度。置信度用来衡量关联规则的准确度，如果规则 $X \rightarrow Y$ 的置信度很高，那么 Y 在包含 X 的事务中出现的概率就很高，所以置信度是评价关联规则的一种重要方法[134-138]；支持度很低的关联规则一般情况下是没有意义的，因此支持度很低的规则很少出现，支持度一般用来删除没有意义的规则。

2.4.2　关联规则挖掘问题

关联规则挖掘问题通常分解为两个子问题[139-140]。第一，找出存在于事务数据库中大于等于用户给定的最小支持度 minsup 的所有频繁项集 X 的支持度 support(X)，称 X 为强项集（large itemset）。第二，利用强项集生成关联规则。对于每个强项集 A，如果 $B \cup A$，$B \neq \varnothing$，并且 support(A)/support(B) $\geqslant$ minconf，那么有关联规则 $B \Rightarrow (A - B)$。

2.4.3　关联规则评价

目前，置信度和支持度是对关联规则进行评价的两个重要标准[141-142]。支持度 support（$A \rightarrow B$）表示 A 和 B 两个项目的并集在所

有事务数据库中出现的概率，用公式（2.17）表示如下：

$$\text{support}(A \rightarrow B)=\text{support}(A \cup B)/N \times 100\%。 \tag{2.17}$$

置信度 confidence（$A\rightarrow B$）表示事务数据库 D 在包含 A 的事务中包含 B 的百分比，用公式（2.18）表示如下：

$$\text{confidence}(A \rightarrow B)=\text{support}(A \rightarrow B)/\text{support}(A)。 \tag{2.18}$$

在公式（2.17）与公式（2.18）中，support(A) 表示包含项目集 A 的事务数，包含项目集 $A \cup B$ 所有事务数用 support($A \cup B$) 来表示。置信度用来衡量关联规则的准确度，支持度用来衡量关联规则的重要性。但是按照现有的标准来生成关联规则，会有大量不相关或带有误导的关联规则产生。

近年来，出现了很多关联规则的评价方法，专家、学者对传统的支持度-置信度评价方法进行了改进，提出了很多新的实用的评价方法，如兴趣度评价、新颖度评价、简洁性评价等。

2.5 R语言

R 语言是一种开源编程语言与操作环境，主要用于统计分析和数据挖掘[143]。R 语言是由新西兰奥克兰大学的罗斯阿哈卡和罗伯特吉尔曼开发的，它是基于 S 语言的一个计划项目，所以也可以当作 S 语言的一种实现。

R 语言在涉及数据分析的领域中有着广泛的应用。其功能包括：数据存储和处理系统；数组运算工具（其向量、矩阵运算方面功能尤其强大）；完整连贯的统计分析工具；优秀的统计制图功能；简便而强大的编程语言：可操纵数据的输入和输出，可实现分支、循环，用户可自定义功能。R 语言是自由软件，这意味着它是完全免费、开放源代码的，可以在它的网站及其镜像中下载任何有关的安装程序、源代码、程序包及其源代码、文档资料。标准的安装文件自身带有许多模块和内嵌统计函数，安装好后，可以直接实现许多常用的统计功能。R语言是一种可编程的语言，作为一种开放的统计编程环境，语法通俗易懂，很容易学会和掌握语言的语法。所有 R 语言的函数和数据集是保存在程序包里面的，只有当一个包被载入时，它的内容才可以被访问。一些常用的、基本的程序包已经被收入了标准安装文件中，随着新的统计分析方法的出现，标准安装文件中所包含的程序包也随着版本的升级而不断更新。R 语言具有很强的互动性，除了图形的输出是在另外的窗口外，它的输入输出都是在同一个窗口进行的，输入语法中如果出现错误，会马上在窗口中给出提示，对以前输入过的命令有记忆功能，可以随时再现、编辑修改，以满足用户的需要。输出的图形可以直接保存为 JPG、BMP、PNG 等图片格式，还可以直接保存为 PDF 文件。另外，R 语言和其他编程语言和数据库之间有很好的接口。

R 语言的思想是：通过提供一些集成的统计工具，但更多的是提供各种数学计算、统计计算的函数，从而让使用者灵活机动地进行数据分析，甚至创造出符合需要的新的统计计算方法。其优势主要体现在以下方面。

(1) R 语言是统计分析、绘图功能的软件，拥有完整体系的数据分析和挖掘工具，能够有效地进行数据存储和处理。

(2) R 语言是一种面向对象的编程语言，和其他编程语言及平台、数据库之间有很好的接口。它是自由开源软件，可以部署在任何操作系统，可以通过相应接口连接到数据库，还可以和 Python、Java、C、C++ 等语言进行互调。

(3) R 语言提供了丰富的数据挖掘工具包（packages），可以非常方便地使用，同时为数据分析和显示提供强大的图形功能。

(4) R 语言向量化运算功能强大。R 语言中基本上所有的数据运算均能允许向量操作。不仅如此，它还包含了许多高效的向量运算函数。向量化运算的好处是可以避免使用循环，使代码更为简洁、高效和易于理解。

随着数据挖掘技术的兴起，由于R语言具有一些独特的优势，其在数据挖掘领域得到了越来越广泛的应用，由于本书涉及的实验是基于数据挖掘和关联规则技术，因此本书选择R语言作为实验开发语言。

2.6 本章小结

本章主要介绍推荐系统中基于内容推荐算法和协同过滤算法。首先详细介绍了基于内容推荐和协同过滤推荐的原理和推荐步骤，分析了两种方法各自的优势和缺点；其次介绍了两者混合的推荐算法；再次对推荐系统的关键技术、关联规则的基础理论知识和评价方法进行了具体介绍；最后简单介绍了R语言。

第 3 章

基于 Apriori 和 FP-growth 的关联规则挖掘

关联规则挖掘是一种基于规则的机器学习算法，该算法可以在大数据库中发现感兴趣的关系，它的目的是利用一些度量指标来分辨数据库中存在的强规则。关联规则挖掘是用于知识发现，而非预测，所以是属于无监督的机器学习方法。关联规则挖掘发现大量数据中项集之间有趣的关联，诸多的研究人员对关联规则的挖掘问题进行了大量的研究，他们的工作包括对原有的算法进行优化，比如引入随机采样、并行的思想等，以提高算法挖掘规则的效率，对关联规则的应用进行推广。

传统关联规则挖掘算法多次扫描数据库，造成效率低、性能下降等一系列问题，本章的主要目标是通过改进现有的关联规则挖掘算法去解决这些问题，从而更好地挖掘出数据属性之间的关联关系。

3.1 关联规则数据预处理

3.1.1 离散化

根据属性可能取值的个数，可以分为离散型属性和连续型属性。离散属性的可能取值具有有限个数或无限个数，这样的属性是可以分类的。连续属性的可能取值具有无限个数，是取实数值的属性。在关联规则挖掘时，当数据具有连续属性时，需要将连续属性转变为离散属性，这一过程称为离散化。属性离散化涉及两个子任务：

(1) 确定需要多少个分类。通过某种分割策略，指定 $n-1$ 个分割点，把它们分成 n 个区间。

(2) 确定映射方法。在这一步中，将位于同一个区间中连续属性的值映射到相同的分类值。

3.1.2 二元化

二元属性是离散属性的一种特殊情况，只有两个值，通常用布尔变量表示，或者用只取两个值 0 或 1 的整型变量表示。挖掘关联规则要求数据是二元属性的格式，当原始数据中的离散属性具有多个分类值时，需要将原属性变换成一个或多个二元属性，这一过程称为二元化。当属性是连续型时，需要先将连续属性离散化，再二元化。

二元化的一种方法是：如果属性有 m 个值，那么将每个原始值唯一地赋予区间 $[0, m-1]$ 中的一个整数，然后将这 m 个整数的每个都变换成一个二进制数。如果要区别这 m 个数，那么需要 $n=\lceil \log_2 m \rceil$ 个二进制位，即需要 n 个二元属性表示原属性。由于这样的变换无意间建立了转换后的属性之间的联系，可能将问题复杂化，因此，对关联规则问题，需要为每个分类值引入一个二元属性，就需要 m 个二元属性表示原属性。

3.2 Apriori 算法

3.2.1 算法介绍

Apriori 算法是有候选项集产生算法的代表，它开创性地使用基于支持度的剪枝技术，利用一个层次顺序搜索的循环方法来完成频繁项集的挖掘工作。Apriori 算法利用了两个重要的性质，即先验原理，用于压缩搜索空间。

性质 3.1　若项集 X 是频繁项集，则它的所有非空子集也是频繁集。

性质 3.2　若项集 X 是非频繁项集，则它的所有超集也是非频繁集。

3.2.2　算法的优缺点

Apriori 算法具有思想简单清晰且执行过程循序渐进的优点，它对候选项集进行有效的过滤，尤其是对短模式的数据，有很好的挖掘效果。

Apriori 算法的一个缺陷在于需要多次扫描数据库。在产生候选项集时，候选项集中的每个元素都需要通过扫描一遍数据库，以确定是否加入频繁项集，因此会产生巨大的 I/O 开销，影响算法的效率。

该算法的另一个缺陷是可能产生庞大的候选项集。由频繁（$k-1$）-项集产生候选 k -项集时是指数增长的，庞大的候选项集对算法的执行时间和内存空间都会带来很大的影响。

3.3　FP-growth 算法

3.3.1　算法介绍

FP-growth 算法是无需生成候选项集的典型算法。该算法将关联规则挖掘所需的全部数据信息压缩在一种称为 FP-tree 的数据结构中，只要对树进行递归搜索，就可以发现所有的频繁项集。

FP-tree 的结构由标记为“nul”的根，一系列项的前缀子树组成的根的子孙和频繁项头表组成。FP-tree 的节点由 3 个域组成：项名（itemname)、计数（count）和节点链接（node-link)。项名是这个节点所代表的项，计数表示从树根到这个节点所经路径代表的事务个数，节点链接指向树中下一个与该节点同名的节点，如果没有同名的节点，那么指向空。头表中的记录包括两个域：项名和节点链接的头。节点链接的头指向树中第一个与头表项名相同的节点。

3.3.2 算法的优缺点

FP-growth 算法采用了一种不同于 Apriori 算法的策略来挖掘关联规则，其优势在于：

（1）该算法采用一种高度压缩的结构来存储数据库中数据挖掘所需的信息，并且只需对数据库扫描两次，在很大程度上减少了对数据库的扫描所消耗的 I/O 时间。

（2）该算法将长的频繁集分割成多个长度为 1 的频繁项，用模式生长的方法递归地产生较长的频繁集，避免了大量候选项集的产生和测试过程，直接产生了频繁项集。

虽然 FP-growth 算法相比较于 Apriori 算法在效率上有了很大的提高，但是该算法也存在性能瓶颈和缺点。

该算法将事务数据库 D 中的记录压缩进 FP-tree 中，当数据库 D 很大时，构造基于内存的 FP-tree 是不现实的。由于该算法绝大部分时间消耗在 FP-tree 以及条件模式树的构造和遍历，当挖掘大型数据集时，FP-tree 就会很庞大，从而影响算法的效率。

3.4 基于矩阵的 Apriori 改进算法——IAA

Apriori 算法是最有影响力的挖掘关联规则的算法之一，但是该算法需要多次扫描数据库，在产生候选项集时，候选项集中的每个元素都需要通过完整扫描一遍数据库，以确定是否加入频繁项集。针对这一缺点，本书在 Apriori 算法的基础上，提出了一种基于矩阵的改进算法——IAA，将事务数据库转换为布尔矩阵的形式，并在挖掘的过程中，通过减少布尔矩阵中不必要的行列来减小要扫描的数据的大小。

3.4.1　相关概念

关联规则通常是对事务数据库进行数据挖掘。将事务数据库转换成布尔矩阵的形式，一方面可以对事务数据库只扫描一次，减少 I/O 开销；另一方面将事务变为 0 和 1 的形式，也可以减少内存的消耗。

定义 3.1　给定项集 $I=\{I_1, I_2, \cdots, I_n\}$，事务集 $T=\{T_1, T_2, \cdots, T_m\}$，每个事务用 TID 来标识，将事务集转换为布尔矩阵的方法为：设 R 为从 I 到 T 的二元关系，记 $r_{ij}=R(T_i, I_j)$，$R=(r_{ij})_{m\times n}$，则

$$r_{ij}=\begin{cases}1, & I_j\in T_i,\\ 0, & I_j\notin T_i,\end{cases}\quad i=1, 2, \cdots, m;\ j=1, 2, \cdots, n。$$

假设事务数据库 D 如表 3.1 所示。

表 3.1　事务数据库 D

TID	items
1	I_2, I_5
2	I_1, I_2, I_4
3	I_1, I_3, I_4
4	I_2, I_3, I_4, I_5

将表 3.1 的事务数据库 D 转换成布尔矩阵，如表 3.2 所示。

表 3.2　事务数据库 D 转换成的布尔矩阵

R	I_1	I_2	I_3	I_4	I_5
T_1	0	1	0	0	1
T_2	1	1	0	1	0
T_3	1	0	1	1	0
T_4	0	1	1	1	1

将每个项 I_j 的列向量定义为 $I_j=\{r_{1j},\ r_{2j},\ \cdots,\ r_{mj}\}$，其中

$$r_{ij}=\begin{cases}1,\ I_j\in T_i,\\0,\ I_j\notin T_i,\end{cases}\quad i=1,\ 2,\ \cdots,\ m;\ j=1,\ 2,\ \cdots,\ n。$$

那么 I_j 的支持度计数为

$$\text{support\_count}\{I_j\}=\sum_{i=1}^{n}(r_{ij})。$$

对于表 3.2，可知

$$\text{support\_count}\{I_1\}=2,$$
$$\text{support\_count}\{I_2\}=3,$$
$$\text{support\_count}\{I_3\}=2,$$
$$\text{support\_count}\{I_4\}=3,$$
$$\text{support\_count}\{I_5\}=2。$$

对于 k -项集 $\{I_1, I_2, \cdots, I_k\}$，其支持度计数为

$$\text{support\_count}\{I_1,\ I_2,\ \cdots,\ I_k\}=\sum_{i=1}^{n}(r_{i1}\wedge r_{i2}\wedge\cdots\wedge r_{ik}),$$

其中，$\wedge$ 为“与”操作，当 $I_1,\ I_2,\ \cdots,\ I_k$ 同时为 1 时，计数增

加 1。

对于表 3.2，根据上述定义可知

$$\text{support\_count}\{I_1, I_2\}=1,$$
$$\text{support\_count}\{I_3, I_4\}=2,$$
$$\text{support\_count}\{I_3, I_4, I_5\}=1。$$

对于布尔矩阵，有以下性质：

性质 3.3　在布尔矩阵中，若有一行包含“1”的个数小于 k，则在求 k 维支持度时，删除所在行。

根据 k -项集的支持度计数的定义

$$\text{support\_count}\{I_1, I_2, \cdots, I_k\}=\sum_{i=1}^{n}(r_{i1} \wedge r_{i2} \wedge \cdots \wedge r_{ik}),$$

当有一行包含“1”的个数小于 k 时，则必存在 j，使得 $r_{ij}=0$，得 $r_{i1} \wedge r_{i2} \wedge \cdots \wedge r_{ik}=0$，为此，这一行不会影响支持度的计数，于是，在数据挖掘过程中，可以删除这一行。

性质 3.4　若 k -项集 X 中存在一个项目 $I_j \in X$，频繁 k -项集 L_k 中 I_j 的个数小于 k，则在频繁 k -项集产生频繁（$k+1$）-项集时，删除 I_j 所在列。

设 Y 为频繁（$k+1$）-项集，即它的 $k+1$ 个 k -子集都是频繁的，则对任意的 $I_j \in Y$，I_j 在频繁 k -项集 L_k 中应该出现 k 次，于是若频繁 k -项集 L_k 中 I_j 的个数小于 k，I_j 不会产生频繁（$k+1$）-项集。

3.4.2　算法描述

本书提出基于矩阵的 Apriori 改进算法——IAA，首先将事务数据库转变成布尔矩阵，根据性质 3.3 和性质 3.4，在数据挖掘过程中，将不必要的行和列删除，以减小扫描数据的大小。算法具体流程如图 3.1 所示。

输入：数据集 D，最小支持度 minsup

输出：满足支持度的所有项集的集合 L

1) 扫描事务数据库 D，转换为布尔矩阵的形式

2) 计算 1 -项集的支持度计数，得到项集的支持度；将支持度大于等于 minsup 的项集组成频繁 1 -项集 L_1；将非频繁项所在列删除；将 1 的个数小于 2 的行删除

3) for ($k=2$; $L_{k-1} \neq \varnothing$; $k++$) do begin

4) 若矩阵的列数为 j，则对 j 列进行 k 维自由组合，得到候选 k -项集 C_k

5) 计算 C_k 的支持度计数，得到项集的支持度

6) 支持度大于等于 minsup 的项集组成频繁 k -项集 L_k

7) 找出非频繁项集和 L_k 中出现次数小于 k 的项，并将这些项所在的列删除

8) 将 1 的个数小于 $k+1$ 的行删除

9) End

图 3.1　基于矩阵的 Apriori 改进算法流程图

图 3.1 所示的改进算法，扫描一遍数据库，将事务数据库 D 转换为布尔矩阵，设项集 $I=\{I_1, I_2, \cdots, I_m\}$，事务集 $T=\{T_1, T_2, \cdots, T_n\}$，则建立 n 行 m 列的矩阵 $\boldsymbol{R}=(r_{ij})_{m\times n}$。

根据支持度计数定义，计算 k -项集的支持度计数 support _ count，则支持度为 support _ count/n，支持度大于等于 minsup 的项就是频繁项集中的项。根据性质 3.3 和性质 3.4，删除对之后计算支持度计数和生成频繁项集无意义的行与列。这样，该算法计算支持度时需要扫描的数据就会越来越小。

下面通过一个实例介绍该算法的过程。事务数据库如表 3.3 所示，设定最小支持度 minsup=0.2，最小置信度 minconf=0.6。

表 3.3　事务数据库

TID	items
T_1	I_1，I_2，I_5
T_2	I_2，I_4
T_3	I_2，I_3
T_4	I_1，I_2，I_4
T_5	I_1，I_3
T_6	I_2，I_3
T_7	I_1，I_3，I_6
T_8	I_1，I_2，I_3，I_5
T_9	I_1，I_2，I_3

第一步，将表 3.3 所示事务数据库转变为布尔矩阵，转换后的矩阵如表 3.4 所示。

表 3.4　事务数据库转换成的布尔矩阵

$\boldsymbol{R}$	I_1	I_2	I_3	I_4	I_5	I_6
T_1	1	1	0	0	1	0
T_2	0	1	0	1	0	0
T_3	0	1	1	0	0	0
T_4	1	1	0	1	0	0
T_5	1	0	1	0	0	0
T_6	0	1	1	0	0	0
T_7	1	0	1	0	0	1
T_8	1	1	1	0	1	0
T_9	1	1	1	0	0	0

第二步，候选1-项集$C_1=\{I_1, I_2, \cdots, I_6\}$，计算每列1的个数，得到各项支持度计数为

$$\text{support\_count}\{I_1\}=6,\quad \text{support\_count}\{I_2\}=7,$$
$$\text{support\_count}\{I_3\}=6,\quad \text{support\_count}\{I_4\}=2,$$
$$\text{support\_count}\{I_5\}=2,\quad \text{support\_count}\{I_6\}=1。$$

因为minsup=0.2，所以当support _ count≥0.2×9=1.8时，满足最小支持度。由于I_1、I_2、I_3、I_4、I_5的支持度计数满足最小支持度，可得频繁1-项集$L_1=\{I_1, I_2, I_3, I_4, I_5\}$，非频繁项$I_6$不会产生频繁2-项集，于是将$I_6$所在的列删除。

更新后的布尔矩阵如表3.5所示。

表3.5 更新后的布尔矩阵（1）

R	I_1	I_2	I_3	I_4	I_5
T_1	1	1	0	0	1
T_2	0	1	0	1	0
T_3	0	1	1	0	0
T_4	1	1	0	1	0
T_5	1	0	1	0	0
T_6	0	1	1	0	0
T_7	1	0	1	0	0
T_8	1	1	1	0	1
T_9	1	1	1	0	0

第三步，对表3.5所示矩阵的5列进行自由组合，得到候选2-项集

$$C_2=\{I_1I_2,\ I_1I_3,\ I_1I_4,\ I_1I_5,\ I_2I_3,\ I_2I_4,\ I_2I_5,\ I_3I_4,\ I_3I_5,\ I_4I_5\}。$$

计算支持度计数，结果如表 3.6 所示。

表 3.6　候选项集的支持度计数

项集	I_1I_2	I_1I_3	I_1I_4	I_1I_5	I_2I_3	I_2I_4	I_2I_5	I_3I_4	I_3I_5	I_4I_5
support _ count	4	4	1	2	4	2	2	0	1	0

由表 3.6 所示的支持度计数，得到频繁 2 -项集为

$$L_2=\{I_1I_2,\ I_1I_3,\ I_1I_5,\ I_2I_3,\ I_2I_4,\ I_2I_5\}。$$

根据性质 3.4，I_4 在 L_2 的出现次数小于 2，不会产生频繁 3 -项集，于是将 I_4 所在的列删除。根据性质 3.3，T_2、T_3、T_4、T_5、T_6、T_7 所在行的 1 的个数小于 3，不会对 3 -项集的支持度计数有影响，所以删除 T_2、T_3、T_4、T_5、T_6、T_7 所在的行。

更新后的布尔矩阵如表 3.7 所示。

表 3.7　更新后的布尔矩阵（2）

$\boldsymbol{R}$	I_1	I_2	I_3	I_5
T_1	1	1	0	1
T_8	1	1	1	1
T_9	1	1	1	0

第四步，产生频繁 3 -项集的方法同第三步，得到候选 3 -项集

$$C_3=\{I_1I_2I_3,\ I_1I_2I_5,\ I_1I_3I_5,\ I_2I_3I_5\}。$$

支持度计数如下：

$$support\_count\{I_1I_2I_3\}=2, \quad support\_count\{I_1I_2I_5\}=2,$$
$$support\_count\{I_1I_3I_5\}=1, \quad support\_count\{I_2I_3I_5\}=1,$$

频繁 3-项集 $L_3=\{I_1I_2I_3, \ I_1I_2I_5\}$，$I_1$，$I_2$，$I_3$，$I_5$ 所在列都需删掉。矩阵为空，所以 L_4 为空，算法结束。

频繁集依次为

$$L_1=\{I_1, \ I_2, \ I_3, \ I_4, \ I_5\},$$
$$L_2=\{I_1I_2, \ I_1I_3, \ I_1I_5, \ I_2I_3, \ I_2I_4, \ I_2I_5\},$$
$$L_3=\{I_1I_2I_3, \ I_1I_2I_5\}。$$

根据频繁项集生成的关联规则如下所示：

$I_1 \rightarrow I_2$　support=4/9=0.4444，confidence=4/6=0.6667；

$I_1 \rightarrow I_3$　support=4/9=0.4444，confidence=4/6=0.6667；

$I_3 \rightarrow I_1$　support=4/9=0.4444，confidence=4/6=0.6667；

$I_5 \rightarrow I_1$　support=2/9=0.2222，confidence=2/2=1；

$I_3 \rightarrow I_2$　support=4/9=0.4444，confidence=4/6=0.6667；

$I_4 \rightarrow I_2$　support=2/9=0.2222，confidence=2/2=1；

$I_5 \rightarrow I_2$　support=2/9=0.2222，confidence=2/2=1；

$I_2I_5 \rightarrow I_1$　support=2/9=0.2222，confidence=2/2=1；

$I_1I_5 \rightarrow I_2$　support=2/9=0.2222，confidence=2/2=1；

$I_5 \rightarrow I_1I_2$　support=2/9=0.2222，confidence=2/2=1。

3.4.3 性能分析

改进后的算法与 Apriori 算法相比，存在如下优势：

(1) 该算法只需扫描一次数据库。Apriori 算法在产生候选项集时，候选项集中的每个元素都需要通过扫描一遍数据库，以确定是否加入频繁项集，因此需要多次扫描数据库。改进后的算法只需扫描一次数据库，将事务数据库转换成布尔矩阵，之后的挖掘可以通过对布尔矩阵的分析发现频繁项集，无需再次扫描数据库，大大减少了 I/O 时间开销。

(2) 该算法需要扫描的数据量越来越少。在产生频繁项集过程中，将不会产生频繁项集的列和不影响支持度计数的行删除。这样，随着 k 的增大，布尔矩阵越来越小，在计算支持度时，要扫描的数据量就会越来越少，从而提高了算法效率。

(3) 节省内存空间。将事务数据库转换成布尔矩阵后，存储的主要是 0 和 1。当数据库中每个事务都包含很多项目时，相比较事务列表可知，布尔矩阵所占据的内存空间更少。

3.5　基于分解矩阵的 FP-growth 改进算法——IAFG

FP-growth 算法是不产生候选项集的典型算法，该算法扫描数据库两次，不产生候选项集，效率总体上比 Apriori 算法提高了一个数量级。但是当数据规模很庞大时，FP-growth 算法的效率较低，甚至可能无法建树。针对以上缺点，本书提出了一种基于分解矩阵的 FP-growth 改进算法——IAFG，其将事务数据库转换成布尔矩阵，然后将矩阵分解，分解后的子矩阵分别用 FP-growth 算法找到频繁项集，再将频繁项集合并。

3.5.1　相关概念

给定事务数据库的集合 D，事务集 $T=\{T_1,\ T_2,\ \cdots,\ T_m\}$，每个事务用 TID 来标识，项目的集合 $I=\{I_1,\ I_2,\ \cdots,\ I_n\}$。给出如下几个定义：

定义 3.2　事务集转换为布尔矩阵的方法同定义 3.1。记 $d_{ij}=$

$M(T_i, I_j)$，$M=(d)_{m\times n}$，则 $d_{ij}=\begin{cases}1, & I_j\in T_i,\\0, & I_j\notin T_i,\end{cases}$ $i=1, 2, \cdots, m$；$j=1, 2, \cdots, n$。布尔矩阵表示为

$$\boldsymbol{M}=\begin{pmatrix}d_{11} & d_{12} & \cdots & d_{1n}\\ \vdots & \vdots & & \vdots\\ d_{m1} & d_{m2} & \cdots & d_{mn}\end{pmatrix}。$$

定义 3.3 矩阵所在行（列）中所有的项构成的集合为行（列）向量，如第 i 行的行向量为 $T_i=(d_{i1}, d_{i2}, \cdots, d_{in})$，第 j 列的列向量为 $I_j=(d_{1j}, d_{2j}, \cdots, d_{mj})$。

定义 3.4 行（列）向量的计数即该行（列）所有元素的相加之和。如行向量 T_i 的计数为

$$\text{support\_count}(T_i)=\sum_{j=1}^{n}(d_{ij}),$$

列向量 I_j 的计数为

$$\text{support\_count}(I_j)=\sum_{i=1}^{m}(d_{ij})。$$

根据定义 3.3 所述的布尔矩阵，可以得到下面性质。

性质 3.5 若事务 T_i 项的个数，即行向量 T_i 的计数小于 2，则在布尔矩阵中可以删除该事务所对应的行向量。

这一性质同性质 3.3，若事务 T_i 的项目的个数小于 2，则 T_i 不会包含频繁 k-项集（$k>1$），不会影响之后对频繁项集的支持度计算，所以可以将该行向量从布尔矩阵中删除。

性质 3.6 若布尔矩阵某列向量的支持度小于最小支持度，则可删除此列。

这一性质同性质 3.4，若列向量的支持度小于最小支持度，则该列为非频繁 1-项集，不会产生频繁 k-项集（$k>2$），因此可以将该列从布尔矩阵中删除。

3.5.2　算法描述

本书提出一种基于分解矩阵的 FP-growth 改进算法——IAFG。首先将事务数据库转变为布尔矩阵，布尔矩阵中的每行储存一条事务信息，然后计算矩阵中的每列向量的支持度，并将矩阵的列向量按照支持度的大小降序排列。支持度大于等于最小支持度的项为频繁 1-项集，然后删除不必要的行和列。接着从矩阵的最后一列向前扫描，将矩阵分解成若干个子矩阵，对子矩阵分别使用 FP-growth 算法来挖掘频繁项集。原数据集的频繁项集即为各子矩阵的频繁项集的并集。该算法的具体流程如图 3.2 所示。

输入：数据集 D，最小支持度 minsup
输出：满足支持度的所有项集的集合 L
1）扫描事务数据库 D，转换为布尔矩阵的形式 M
2）计算 1-项集的支持度，支持度大于等于 minsup 的项集组成频繁 1-项集 L_1；
将非频繁项所在列删除；将 1 的个数小于 2 的行删除
3）将矩阵的项按照支持度的大小降序排列
4）从矩阵的最后一列向前扫描，将矩阵分解成 b 个子矩阵 $\boldsymbol{M}_1$，$\boldsymbol{M}_2$，…，$\boldsymbol{M}_b$
5）for（$i=0$；$i<b$；$i++$）do begin
6）构造子矩阵 $\boldsymbol{M}_i$ 的 FP-tree
7）调用 FP-growth 函数 FP- growth（FP _ tree，null），得到频繁项集 l_i
8）End
9）数据集 D 的频繁项集 $L = l_1 \cup l_2 \cup \cdots \cup l_b$

图 3.2　基于分解矩阵的 FP-growth 改进算法流程图

图 3.2 所示算法流程，根据定义 3.3，将事务数据库 D 转换成布尔矩阵，若数据库有 m 个事务 n 个项目，则可建立矩阵 $\boldsymbol{M}[m][n]$，矩阵中的每行储存一条事务信息。根据定义 3.4，计算列向量的计数，

即项目的支持度计数，支持度大于 $minsup$ 的项组成频繁 1-项集。根据性质 3.3 和性质 3.4，将不必要的行和列删除，设更新后的矩阵有 a 行 b 列，即 $\boldsymbol{M}[a][b]$。

将矩阵的列向量按照支持度的大小降序排列，然后分解矩阵。布尔矩阵分解的方法为：先扫描矩阵的第 b 列，即列向量 $I_b=(d_{1b}, d_{2b}, \cdots, d_{mb})$，对于 $d_{ib}(1\leqslant i\leqslant a)$，若 $d_{ib}=1$，则提取 d_{ib} 所在的行向量，即$(d_{i1}, d_{i2}, \cdots, d_{ib})$，这些行向量组成子矩阵 $\boldsymbol{M}_b$。然后扫描矩阵的第 $b-1$ 列，即列向量 $I_{b-1}=(d_{1b-1}, d_{2b-1}, \cdots, d_{mb-1})$，若 $d_{ib-1}=1$，则提取 d_{ib-1} 所在的行向量，即$(d_{i1}, d_{i2}, \cdots, d_{ib-1})$，此时第 b 列已经扫描过了，因此提取行向量时，不用考虑第 b 列的元素。同理，扫描第 $b-2$ 列至第 1 列，从而将矩阵 $\boldsymbol{M}$ 分解为 b 个子矩阵 $\boldsymbol{M}_b, \boldsymbol{M}_{b-1}, \cdots, \boldsymbol{M}_1$。

对于每个子矩阵，分别构造其 FP-tree，然后对 FP-tree 递归调用 FP-growth 函数，得到频繁项集。将每个子矩阵的频繁项集合并，得到整个数据集的频繁项集。

3.5.3 性能分析

改进后的算法与 FP-growth 算法相比，存在如下优势：

(1) 改进后的算法只需要扫描一遍数据库。FP-growth 算法需要扫描两遍数据库，第一次扫描数据库用来得到满足最小支持度的项，并将它们按照降序排列在头表中。之后第二次扫描数据库，按照头表中项的顺序，将每个事务中包含的频繁项依次插入到树中。改进的算法只需扫描一遍数据库，用以将事务数据库转换成布尔矩阵，之后的挖掘是通过对布尔矩阵的分析来发现频繁项集，无需第二次扫描数据库，减少了 I/O 开销。

(2) 改进后的算法减小了构造 FP-tree 时要扫描的数据量。FP-growth 算法在构造 FP-tree 时，需要扫描整个数据库，将每一事务包含的所有项都取出，然后保留其中频繁的项。改进后的算法去掉了不影响支持度计数的行，同时去掉了非频繁的列，这些行和列对于构造 FP-tree 都是不必要的，所以去掉这些行和列后，可以提高构造 FP-tree 的效率。

(3) 改进后的算法避免了 FP-growth 算法在挖掘大型数据库时的缺陷。由于 FP-growth 算法绝大部分时间消耗在 FP-tree 以及条件模式树的构造和遍历，当挖掘大型数据集时，构造 FP-tree 的效率就会很低，挖掘频繁项集时递归的层次也会很深，从而影响算法的效率。另外，如果数据库过于庞大，构造基于内存的 FP-tree 会存在问题。改进后的算法将数据库分解，可以避免 FP-tree 过大带来的问题，同时这种方法很容易实现并行化。

3.6　关联规则挖掘算法在农业数据集中的实验与分析

本节将 IAA 算法、IAFG 算法与传统的 Apriori 算法、FP-growth 算法进行比较，得出对四种算法的性能分析。

3.6.1　实验环境

处理器：Intel® Core（TM）i5－2450M CPU @ 2.50 GHz。

内存：4.00 GB。

系统类型：Windows 8，64 位操作系统。

开发语言：R 语言。

3.6.2　在农业数据集中的实验与分析

1. 数据预处理

本次实验分析的是美国某农场 2012 年至 2016 年农业病虫害监测数

据。以2012年至2016年该农场“土壤湿度”与“黑穗病发生率”的病虫害监测数据为例，分析“土壤湿度”与“黑穗病发生率”之间的关联规则。

原数据有145 482条记录，包括降雨量、土壤湿度、土壤pH值、黑穗病发生率值等共36个属性。首先进行数据清洗，删除无关的属性，只保留土壤湿度、黑穗病发生率这两个属性，并且删除重复的黑穗病发生率信息。土壤湿度和黑穗病发生率这两个属性都具有多个分类值，因此需要对原数据进行二元化处理。设土壤湿度有 m 个分类值，黑穗病发生率有 n 个分类值，则二元化处理后的数据属性个数为 $m+n$。预处理后的数据包括27 989条记录，951个属性。

2. 算法性能实验结果与分析

数据集的大小、支持度和置信度的阈值设定都会影响算法的运行时间。实验中对于同一数据集分别设置了不同的支持度阈值来比较分析几种算法的运行效率；由于本书所涉及的四种算法都是用同一种方法由频繁项集来生成关联规则，因此置信度的阈值只需保持相同即可。

数据集的大小为27 989条记录，951个属性。最小置信度设定为minconf=0.1，最小支持度minsup分别设为0.005，0.008，0.010，0.012，0.015。运行时间（单位：s）如表3.8所示。

表3.8 算法运行时间

支持度	0.005	0.008	0.010	0.012	0.015
Apriori运行时间/s	218.97	49.14	30.76	23.66	18.90
IAA运行时间/s	123.26	22.82	11.84	8.44	5.61
FP-growth运行时间/s	20.28	8.00	7.49	6.78	6.52
IAFG运行时间/s	15.97	6.24	5.36	4.88	4.39

图3.3是Apriori算法及IAA算法随着支持度的变化，运行时间

的变化折线图。从图 3.3 中可以看出：

（1）两种算法的运行时间随着支持度的增大而减小。这是因为随着最小支持度的增大，很多项集会不满足最小支持度，候选项集和频繁项集就会减少，从而算法运行的时间也就减少。

（2）对于同样的支持度阈值，IAA 的运行时间要比 Apriori 算法少。由于 IAA 会删掉一些不必要的布尔矩阵的行与列，计算支持度时，要扫描的数据量越来越少，所以运行效率较高。这一实验结果也证明了 IAA 能够提高运行效率。

（3）改进后的 IAA 在支持度较小时优势更明显。计算每个候选项集的支持度时，Apriori 算法都要扫描一遍完整的数据库。当支持度较小时，候选项集较大，需要扫描的次数就会增多，而每次扫描的数据量过于庞大，效率就会降低。由于改进算法要扫描的数据量越来越少，所以优势会更加明显。

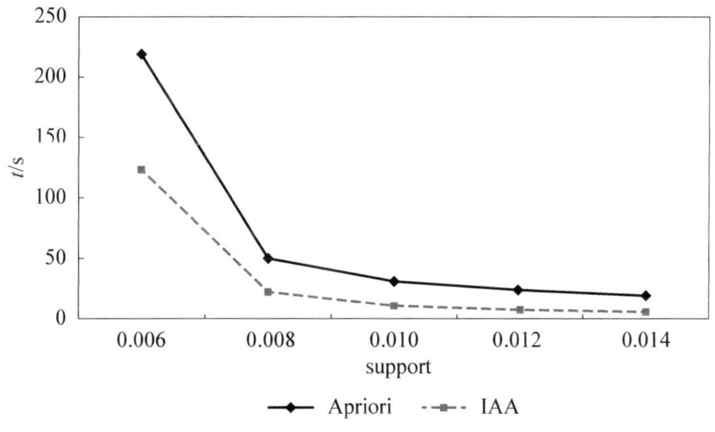

图 3.3　Apriori 算法与 IAA 运行时间图

图 3.4 是 FP-growth 算法及 IAFG 算法随着支持度的变化，运行时间的变化折线图。从图 3.4 中可以看出：

（1）两种算法的运行时间随着支持度阈值的增大而减小。这是因为随着最小支持度的增大，FP-tree 就会偏小，由于很多项集不满足最小支持度，在递归挖掘过程中，需要构造的条件模式树也会偏小，从而算法运行的时间也就减少。

（2）对于同样的支持度阈值，IAFG 算法的运行时间要比 FP-growth 算法少。由于 IAFG 将布尔矩阵分解为多个子矩阵，这样 FP-tree 的规模就会变小，降低了挖掘频繁项集过程中递归的层次，从而提高了算法的运行效率。这一实验结果也证明了改进后的 IAFG 算法能够提高运行效率。

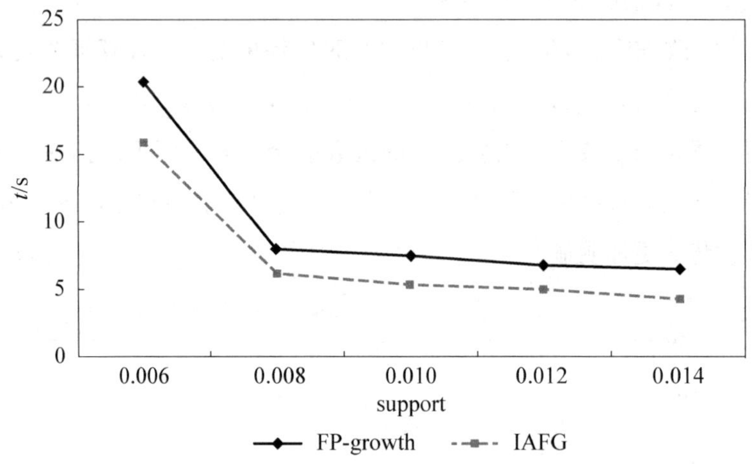

图 3.4　FP-growth 算法与 IAFG 运行时间图

图 3.5 是 Apriori 算法、IAA 算法、FP-growth 算法、IAFG 算法这四种算法随着支持度的变化，运行时间的变化折线图。从图 3.5 中可以看出：

（1）Apriori 算法和 IAA 算法变化趋势相同，FP-growth 算法和 IAFG 算法变化趋势相同。Apriori 算法和 IAA 算法虽然不完全相同，但是都使用一种策略，即利用层次搜索的方法来挖掘频繁项集。FP-Growth 算法和 IAFG 算法也是如此，这两种算法都是将数据库中的信息压缩到 FP-tree 中，对 FP-tree 进行递归搜索，从而发现频繁项集。

（2）当支持度阈值较低时，FP-growth 算法和 IAFG 算法与 Apriori 算法和 IAA 算法相比，优势更明显。随着支持度阈值的增大，FP-growth 算法和 IAFG 算法比 Apriori 算法和 IAA 算法的运行时间更接近。当支持度阈值较低时，Apriori 算法和 IAA 算法会产生大量的候选集，从而影响效率，于是运行时间相比较而言更长。但是随着支持度阈值的增大，Apriori 算法和 IAA 算法的候选项集减少，FP-growth 算法和 IAFG 算法的优势越来越不明显。

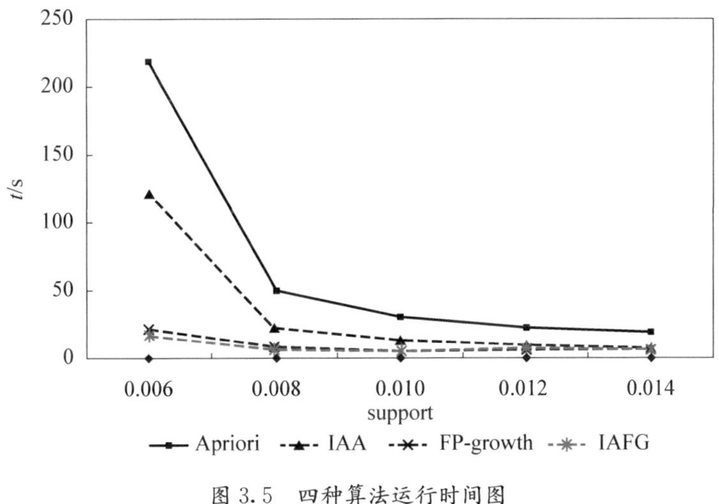

图 3.5　四种算法运行时间图

3.7　本章小结

本章针对 Apriori 算法和 FP-growth 算法的缺点，分别提出了两种改进算法——IAA 算法和 IAFG 算法。首先介绍了改进算法的相关概念；其次介绍了该算法的具体流程，并通过一个实例详细地演示了该算法流程；最后分析了与 Apriori 算法和 FP-growth 算法相比较，改进算法的性能优势。在实验结果与分析中，介绍了实验环境，并分析了实验结果，比较得出了四种算法的性能。因为支持度阈值是影响运行时间的一个很重要的因素，所以分析了不同支持度阈值下算法的运行时间，实验结果表明，两种改进算法在一定程度上提高了算法的效率。

应用关联规则进行推荐也有着一定的局限性，特别是在有用户评分的情况下（非 I/O），协同过滤算法比传统的关联规则更能产生精准的推荐。协同过滤的约束条件没有关联规则强，或者说更为灵活，可以考虑更多的商业实施运算和特殊的商业规则。在第 4 章中将对分类随机漫步推荐算法进行改进，实现更为精确的推荐。

第4章

基于关联规则挖掘的分类随机漫步推荐

随机漫步也称随机游走，是指基于过去的表现，无法预测将来的发展步骤和方向，其核心概念是指任何无规则行走者所带的守恒量都各自对应着一个扩散运输定律，接近于布朗运动，是布朗运动理想的数学状态。分类随机漫步算法的基本思想是，从一个或一系列顶点开始遍历一张图。在任意一个顶点，遍历者将以概率 $1-a$ 游走到这个顶点的邻居顶点，以概率 a 随机跳跃到图中的任何一个顶点，称 a 为跳转发生概率。每次游走后，得出一个概率分布，该概率分布刻画了图中每个顶点被访问到的概率。用这个概率分布作为下一次游走的输入，并反复迭代这一过程。当满足一定前提条件时，这个概率分布会趋于收敛。收敛后，即可得到一个平稳的概率分布。

为了解决关联规则推荐算法在有用户评分的数据上推荐不准确的问题，本章对分类随机漫步算法开展深入了研究，进行了算法的改进和实验。

4.1 分类随机漫步算法的改进

协同过滤算法的基本思想基于相似用户群，用户一般会选择与自己相似用户喜好的项目或商品，如果想知道一个用户是否喜欢一个项目或商品，需要观察该用户的相似用户是否喜欢该项目或商品，可以把这个过程描述为“买 A 商品的顾客也会买 B 商品”。协同过滤算法也存在一些固有问题，如冷启动问题、稀疏性问题、可扩展性问题等。基于内容的推荐方法依据项目在内容上的相似度，向用户推荐用户喜欢或感兴趣的项目或商品，该方法通过对项目或商品属性信息分析，寻找对象之间的关联性。以书的推荐为例，书的属性包括：书的名称、书的作者、书的类型、书的背景、书的内容等，推荐系统对书的属性进行分析，找出与这本书相似的书籍作为推荐结果，而这些信息显然与用户没有任何关系。基于内容推荐方法不需要其他用户的数据，该方法能够为具有特殊兴趣爱好的用户推荐，缺点是要求内容能容易抽取成有意义的特征，并且特征内容有良好的结构性。基于内容推荐方法要求用户的偏好必须能够用内容特征形式来表达，该方法不能显式地得到其他用户的判断情况。

为了克服协同过滤和基于内容推荐方法的缺点和不足，本书深入研究了分类随机漫步算法[144]，并对分类随机漫步算法进行了改进，提出了一种新的分类随机漫步推荐算法——NCRWRA。NCRWRA 首先建立了用户-项目相关图；然后利用基于项目分类的随机漫步，在相关图上不断迭代去计算推荐结果。实验结果表明，NCRWRA 克服了传统推荐算法的缺点和不足，具有良好的推荐效果。

4.1.1 相关图模型

该算法首先建立项目之间的相关图，相关图用来表明项目之间具有相关性，例如，超市中的顾客在购买尿布的同时，很多情况下还会购买啤酒，这说明尿布和啤酒之间具有很高的相关性，该算法会同时选择对项目 m_i 和项目 m_j 感兴趣的用户数量来表示两个项目之间具有相关性，在矩阵 $\boldsymbol{T}$ 中用第 i 列和第 j 列的值不等于 0 的行的数量来表示项目之间的相关性。对于数据集 D，推荐算法涉及的相关数据主要包括用户集 $U=\{u_1, u_2, \cdots, u_{|U|}\}$，项目集 $M=\{m_1, m_2, \cdots, m_{|M|}\}$ 以及用户 u_i 对项目的评分 $r_{i,j}$，算法的输入可以转换成用户-项

目矩阵 $\boldsymbol{T}$，矩阵中的元素 $T_{i,j}$ 的值是 $r_{i,j}$。

定义 $|M|\times|M|$ 阶矩阵 $\widetilde{\boldsymbol{M}}$，其中的元素 $\widetilde{M}_{i,j}$ 的值为 $\mu_{i,j}$。

定义 $|M|\times|M|$ 阶相关矩阵 $\boldsymbol{M}$，其中的元素的值的计算方法为

$$\mathcal{M}_{i,j}=\widetilde{M}_{i,j}/\omega_j,$$

算式中 ω_j 是矩阵 $\widetilde{\boldsymbol{M}}_{i,j}$ 第 j 列所有数值之和，若 $\widetilde{M}_{i,j}=0$，则得出 $\mathcal{M}_{i,j}=0$。

定义 $\mu_{i,j}$ 用来表示矩阵 $\boldsymbol{T}$ 第 i 列和第 j 列的值均不等于 0 的行的数量，当 $i=j$ 时，$\mu_{i,j}=0$。因为 $\boldsymbol{T}$ 中大多数数据的值为 0，为了大幅度减少计算量，计算时，将 $\boldsymbol{T}$ 中每行中不为 0 的数据提取出来，把其中两两组合的 $\mu_{i,j}$ 置为 1，然后将所有行对应位置的值相加，求得所有的 $\mu_{i,j}$ 的值。

基于矩阵 $\boldsymbol{M}$ 构建的相关图用 G 来表示，在相关图 G 中，如果项目 m_i 和项目 m_j 之间存在一条边，那么当且仅当 $\mathcal{M}_{i,j}>0$ 时，边的权重等于 $\mathcal{M}_{i,j}$。这就是算法的基本模型 —— 相关图的构建方法。一般地，项目 m_i 和项目 m_j 具有较高关联度的原因是它们之间存在某些相似的特征，而相关图正是用来表示各个项目之间的关联度。

如果用户-项目矩阵

$$\boldsymbol{T}=\begin{bmatrix}3&4&5&0&0\\4&0&0&0&3\\0&3&0&0&4\\2&0&0&2&0\\4&4&0&0&0\\3&2&5&0&0\\0&0&4&5&0\\4&2&0&4&0\\0&3&0&0&0\\0&5&0&2&0\end{bmatrix},$$

那么根据定义，矩阵

$$\widetilde{\boldsymbol{M}}=\begin{bmatrix}0&4&2&2&1\\4&0&2&2&1\\2&2&0&1&0\\2&2&1&0&0\\1&1&0&0&0\end{bmatrix},$$

根据定义，矩阵

$$\boldsymbol{M}=\begin{bmatrix}0&4/9&2/5&2/5&1/2\\4/9&0&2/5&2/5&1/2\\2/9&2/9&0&1/5&0\\2/9&2/9&1/5&0&0\\1/9&1/9&0&0&0\end{bmatrix}。$$

4.1.2 新分类随机漫步推荐算法

新分类随机漫步推荐算法的基本思想是通过相关图对用户的偏好进行预测，在训练数据集的时候，给定的用户-项目评分在相关图中通过项目之间的连接来进行传递，相关图能够揭示项目与项目之间的关联程度。比如，用户 u_j 偏好的多个项目与一个项目 m_i 之间存在关联，则可以把 m_i 作为一个好的推荐结果推荐给用户 u_j。如果用户偏好一个项目，那么该项目一定与该用户偏好的其他项目有较高的关联度。基于这个理论，可以用随机漫步算法来计算该用户对其他项目的评分。

如果两个项目同时出现在一个用户偏好的项目里的次数较多，而且两个项目之间具有某些可见相似性和不可见相似性，那么用户对某个项目的评分可以从该项目向其邻近的项目传递。定义分类等级（categorical rank，CR）的概念，用 CR 表示在特定分类上的项目评分，分类随机漫步算法就是迭代计算每个用户的 CR 值。

对于用户 u_k，为了计算其 CR 值，先用迭代方法计算矩阵 $\boldsymbol{R}^{u_k}$，迭代计算公式如下：

$$\begin{cases} R_{ig}^{u_k}(0)=\dfrac{1}{|M|\times n}(1\leqslant i\leqslant |M|,\ 1\leqslant g\leqslant n), \\ F_{ig(t)}=\sum\limits_{g=1}^{n} R_{ig}^{u_k}(t-1)\times P_{ig}, \\ R^{u_k}(t)=d\alpha\,\mathcal{M}\cdot R^{u_k}(t-1)+d(1-\alpha)\,\mathcal{M}\cdot F(t)+(1-d)I^{u_k}。\end{cases} \tag{4.1}$$

式中，$\boldsymbol{R}$ 用来表示 $|M|\times n$ 阶矩阵，$|M|$ 表示项目的总数；n 表示项目类别的总数；$\boldsymbol{R}$ 中元素 R_{ig} 用来表示某一用户的项目 m_i 在类别 g 上的评分值；矩阵 $\boldsymbol{M}$ 表示项目相关矩阵；$\boldsymbol{F}$ 表示 $|M|\times n$ 阶的辅助矩阵；$\boldsymbol{I}$ 表示 $|M|\times n$ 阶的矩阵，原始的用户-项目评分生成 I 中元素的值；d 表示链接相关性参数；α 表示主题相关性参数，实验分别取值为 0.15 和 0.10。

式（4.1）表明，对于某一用户来说，项目 m_i 在类别 g 上的评分主要由三部分构成：①初始的用户-项目评分；②与项目 m_i 所属类别不同近邻的项目评分；③与项目 m_i 所属类别相同近邻的项目评分。$R_{ig}^{u_k}(0)=\dfrac{1}{|M|\times n}(1\leqslant i\leqslant |M|,\ 1\leqslant g\leqslant n)$ 的作用是在开始迭代之前初始化 $\boldsymbol{R}^{u_k}$；$F_{ig(t)}=\sum\limits_{g=1}^{n} R_{ig}^{u_k}(t-1)\times P_{ig}$ 是用来计算矩阵 $\boldsymbol{F}$，其中 P_{ig} 用来表示项目 m_i 属于类别 g 的概率，它可以由数据集中给出的项目分类信息计算得出结果；$R^{u_k}(t)=d\alpha\boldsymbol{M}\cdot R^{u_k}(t-1)+d(1-\alpha)\boldsymbol{M}\cdot F(t)+(1-d)I^{u_k}$ 中 I^{u_k} 中的每一个元素的计算公式如下：

$$I_{ig}=r_i^{u_k}\times P_{ig}。 \tag{4.2}$$

式中，$r_i^{u_k}$ 表示用户 u_k 对项目 m_i 的评分，此处之所以采用这样的计算公式，原因是可以让矩阵 $\boldsymbol{R}$ 在迭代过程中更快地达到收敛。对用户 u_k 迭

代完成后，可以获得矩阵 $\boldsymbol{R}^{u_k}$，这时开始计算用户 u_k 对项目的 CR 评分值。为此，需要用到 $|M| \times k$ 阶矩阵（k 表示项目类别总数），$\mathrm{CR}_i^{u_k}$ 表示用户 u_k 对项 m_i 最终的评估分，CR^{u_k} 的计算公式如下：

$$\mathrm{CR}^{u_k} = R^{u_k} . (\mathrm{Prof}^{u_k})^{\mathrm{T}}。\tag{4.3}$$

在式（4.3）中，$\mathrm{Prof}^{u_k} = r^{u_k} \cdot P$，表示用户 u_k 对不同类别的项目兴趣。根据式(4.3)可以计算得出用户 u_k 对所有项目的预测评分值，一个项目的预测评分高，代表该用户对该项目更加感兴趣，将项目按照最后预测评分的逆序排序，将排在最前面的项目作为最后的推荐结果推荐给用户。

4.1.3 算法流程

算法在开始计算之前，首先对原始数据集进行处理，然后利用原始数据集中的所有用户-项目评分去计算矩阵 $\boldsymbol{T}$，用户 u_k 的评分向量 r^{u_k} 在矩阵的第 k 行。根据矩阵 $\boldsymbol{T}$ 计算得出矩阵 $\widetilde{\boldsymbol{M}}$，进而计算得出矩阵 $\boldsymbol{M}$，这样算法的相关图模型就构建成功了。

接下来利用原有的项目-分类信息计算某个项目属于某一分类的概率，从而建立起矩阵 $\boldsymbol{P}$，将矩阵 $\boldsymbol{P}$、矩阵 $\boldsymbol{M}$ 以及用户 u_k 的评分向量 r^{u_k} 作为算法的输入内容，于是可以开始执行算法。第一步，根据公式（4.1）初始化矩阵 $\boldsymbol{R}$；第二步，根据改进后的公式（4.2）计算辅助矩阵 $\boldsymbol{I}$；第三步，迭代计算 $\boldsymbol{R}$；最后，根据公式（4.3）计算 CR 值。

4.1.4 实验环境与结果分析

处理器：Intel® Core（TM）i5－2450M CPU @ 2.50 GHz。

内存：4.00 GB。

系统类型：Windows 8，64 位操作系统。

开发语言：R 语言。

在实验中使用了三个数据集，分别是：MovieLens、BookCrossing 和 Netflix。MovieLens 数据集是由著名的电影评分透镜（MovieLens）网站上的电影推荐记录组成的，该网站有超过 5 万名用户对 3 000 多部电影的评分结果，数据集中包括 943 个用户对 1 682 部电影的 10 万条评分，电影被划分为 19 个类别，用户拥有三个属性，分别是年龄、职业和性别。BookCrossing 数据集是网上的图书漂流（Book-Crossing）图书社区的 278 858 个用户对 271 379 本书进行的评分，包括显式和隐式的评分。这些用户的年龄、性别等人口统计学属性都以匿名的形式保存，BookCrossing 数据集是由蔡-尼古拉斯·齐格勒（Cai-Nicolas Ziegler）使用爬虫程序于 2004 年从 Book-Crossing 图书社区上采集的。Netflix 数据集是来自电影租赁网址 Netflix 的数据库。网飞（Netflix）公司于 2005 年底公布此数据集，并设立百万美元的奖金，征集能够使其推荐系统性能上升 10% 的推荐算法和架构。这个数据集包含了 480 189 个匿名用户对大约 17 770 部电影的评分数据。

算法的运行结果，采用的是 DOA 评价标准，通过反复实验得出，当 $\alpha=0.10$，$d=0.15$ 时，用户的 DOA 值达到最高，实验结果如图 4.1 所示。

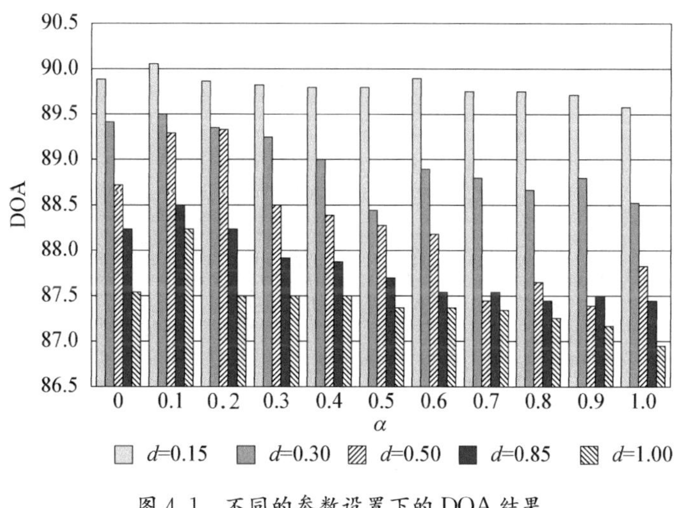

图 4.1　不同的参数设置下的 DOA 结果

采用 $d=0.15$ 和 $\alpha=0.10$ 的实验结果中，分别统计了三个数据集中一个用户推荐结果前 100 的分类情况，以及该用户评分的所有项目的分类情况，具体实验数据见图 4.2 至图 4.4 所示。

MovieLens 数据集的结果如图 4.2 所示。

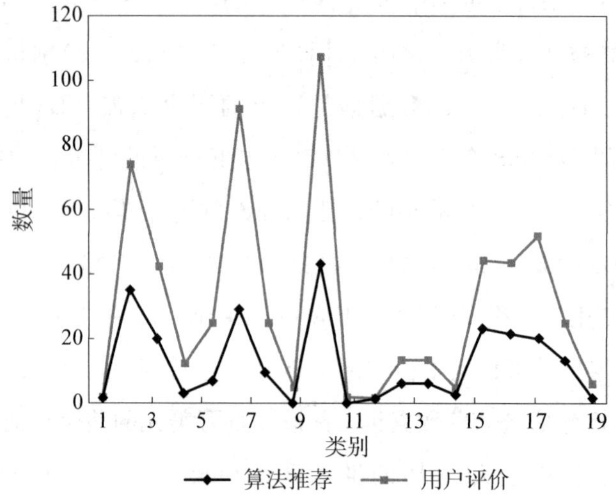

图 4.2　MovieLens 数据集的结果

BookCrossing 数据集的结果如图 4.3 所示。

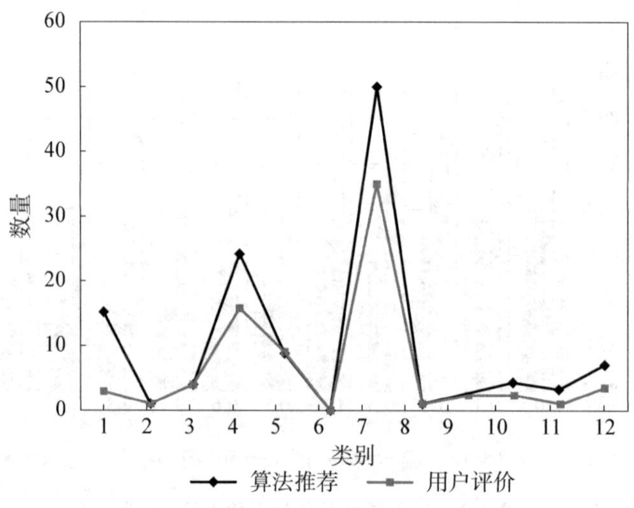

图 4.3　BookCrossing 数据集的结果

Netflix 数据集的结果如图 4.4 所示。

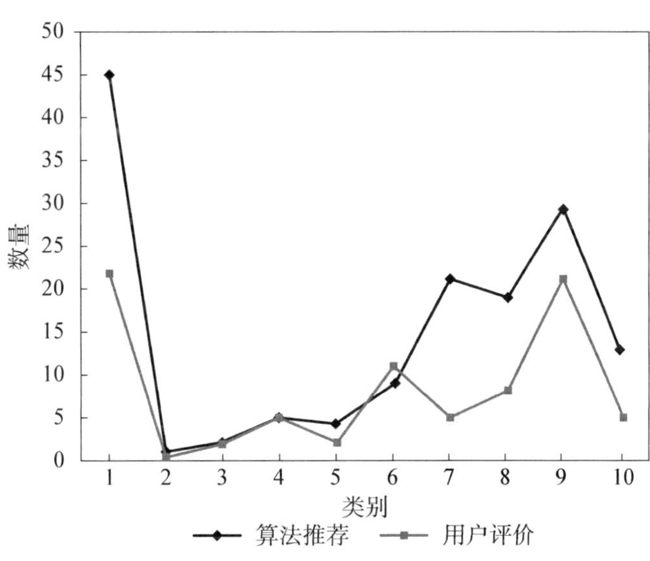

图 4.4　Netflix 数据集的结果

从图 4.2 至图 4.4 可以看出，用户的兴趣与 NCRWRA 的计算结果保持一致，推荐结果良好。下面将协同过滤推荐算法、基于内容推荐算法与 NCRWRA 算法通过 DOA 评价标准进行比较实验，实验结果如表 4.1 所示。

表 4.1　各个算法结果的比较

数据集	协同过滤	基于内容	NCRWRA 算法
MovieLens	83.25	78.96	90.07
BookCrossing	76.59	77.35	87.25
Netflix	72.48	71.16	80.46

实验结果表明，NCRWRA 算法在三个数据集上比传统的协同过滤推荐算法以及基于内容的推荐算法具有更好的推荐效果。

4.2 基于关联规则挖掘推荐算法

因为4.1节提到的NCRWRA算法非常依赖用户对项目的评分，所以该算法对新用户进行推荐的效果不理想。为了解决这个问题，需要为新用户构建一个初始的评分向量，所以本节提出了CRWRABARM。通过关联规则找出用户属性与项目之间的关联关系，从而根据新用户的属性，给新用户构建初始的评分向量。下面具体介绍基于关联规则挖掘的分类随机漫步推荐算法。

传统的Apriori算法在数据挖掘过程中会产生大量的候选项集，造成算法的效率下降，本书对FP-growth算法进行了深入研究，FP-growth是基于频繁模式增长的挖掘算法，挖掘效率较高，不产生候选频繁项集。为此，选择对FP-growth算法进行改进，提出了CRWRABARM算法，该算法可以有效地对新用户推荐过程中的关联规则进行挖掘。

4.2.1 CRWRABARM算法

FP-growth算法需要对事务数据库进行两次扫描，在对新用户进行推荐过程中进行关联规则挖掘，把数据集生成的用户-项目矩阵$\boldsymbol{M}$作为事务数据库。矩阵$\boldsymbol{M}$中的行表示用户对所有项目的评分值，它可以作为事务数据库中的事务。为了找出用户属性与项目之间的关联关系，本书对基于FP-growth的分类随机漫步算法进行了改进，提出了CRWRABARM算法。该算法将每个用户的属性信息加入到用户事务中，对矩阵$\boldsymbol{M}$进行了扩展，矩阵的每行增加了代表用户属性的信息。

在对矩阵$\boldsymbol{M}$进行首次扫描过程中，设定最小支持度$S_{\min}$，抽取支持度大于$S_{\min}$的用户属性和项目，并对支持度出现的次数进行记录，从而生成候选1-项集，记为W，将其按照支持度由小到大的顺序排序。

对矩阵$\boldsymbol{M}$进行第二次扫描，对于矩阵$\boldsymbol{M}$的每行，选择该行的频繁项（用户属性和项目），根据第一次扫描矩阵$\boldsymbol{M}$生成的顺序排序，然后构造FP-tree，从而创建树的根节点，记为Tree，根节点标记为“null”，排序后的频繁项表设定为$[p \mid P]$，p表示第一个元素，P表示剩余的元素。调用函数insert _ tree（$[p \mid P]$，Tree），若节点中有子女N与p是同一项目，则N的计数增加1；否则，计数记为1，并创建新的节点N，将其链接到它的父节点，并通过结点链结构链接到相同项目节点；若P不为空，则递归调用函数insert _ tree（P，Tree）。

为了使FP-tree的遍历更加方便，可以为FP-tree建立起对应的项头表，算法的最终目标是挖掘出项目和用户属性的关联规则，因此项头表不能像传统的FP-growth算法那样把所有的候选1-项集中的项目加进来，而只是将候选1-项集中属于用户的条目按照一定的顺序加入到项头表中。这样，既能避免生成过多重复的用户属性与项目的关联规则，又能进一步加快算法挖掘关联规则的速度，也解决了最后构造初始评分向量的结果不够准确的问题。

项头表中的每个项目通过结点链指向项目所在的模式树，模式树中相同项目都通过这样的节点链进行依次链接，对项头表进行逆序遍历，依据所提供的引用指针，找出FP-tree中从该节点到根节点所存在的路径，这样就生成了每个频繁元素所对应的条件模式基，根据每个频繁元素所对应的条件模式基，可以生成所对应的条件FP-tree，将树中节点计数不满足给定最小支持度的节点进行删除操作。对于每棵条件FP-tree，可生成所有从根结点到叶子节点的路径，并由路径中的集合生成所有非空子集，原始数据集中的频繁集就由每个候选1-项集元素和这些非空子集构成，最后可以生成所有项目和用户属性之间的关联规则。

根据已有数据集调用改进后的FP-growth算法产生了项目和用户属性之间的关联规则后，对于规则R：$X \Rightarrow Y$中Y的每个项目来计算评分，如果Y中没有项目，那么将初始评分设为0，即构成评分向量

V；如果 Y 中有项目，该项目在所有项目中排名为 i，那么初始评分的计算方法如公式（4.4）所示：

$$\text{Score}_i = \frac{\sum_{k=1}^{n} \text{Score}_i^k}{n} \times [1 + \text{support}(X \cup Y) \times \text{confidence}(R)]。 \tag{4.4}$$

在公式（4.4）中，$\sum_{k=1}^{n} \text{Score}_i^k$ 表示在用户集中符合前项 X 的用户对后项 Y 中在项目集排序第 i 个项目的评分总和；n 表示规则前项 X 在用户集当中的出现次数；乘式的右边表示置信度和支持度都非常高的规则，相应的项目评分值也高，公式的最高值可以取到 5。

对于新用户 $u_k=\{u_{k1}, u_{k2}, \cdots, u_{kL}\}$，用 L 表示用户的属性总数，规则集 $R=\{R_1, R_2, \cdots, R_{|R|}\}$ 中，对于任一规则 R_i：$X_i \Rightarrow Y_i$，假设 X_i 包含于用户 u_k 的属性集中，将到 R 的子集 R' 中加入 R_i，这样，子集 R' 中所有的规则都是前项中的用户属性，它是目标用户属性集的子集，即 R' 中全部是与目标用户相关的关联规则，之后依据公式（4.5）计算 u_k 的初始评分向量：

$$r^{u_k} = \frac{\sum_{i=1}^{|R'|} V_i \times \text{support}(X_i \cup Y_i) \times \text{confidence}(R'_i)}{\sum_{i=1}^{|R'|} \text{support}(X_i \cup Y_i) \times \text{confidence}(R'_i)}。 \tag{4.5}$$

在公式（4.5）中，V_i 是 R' 中第 i 个规则生成的评分向量。公式（4.5）首先根据 R' 中所有规则的评分向量计算加权平均，然后根据加权平均值生成 u_k 的初始评分向量。有了初始评分向量之后，根据前面提出的新分类随机漫步推荐算法为 u_k 进行推荐。

4.2.2 算法流程

算法需要进行两次关联规则挖掘。在第一次运行时，算法首先进行项目与用户属性之间的关联规则挖掘；然后在一个新用户为某个项目评分之后，算法再次进行关联规则挖掘。

该算法首先建立相关图模型；其次对新用户进行推荐，根据挖掘的所有关联规则，找出与该用户相关的关联规则；再次对每个关联规则右项中的所有项目进行初始评分；最后根据置信度和支持度对所有与用户属性相关的关联规则求加权平均值，从而得出为新用户构建的初始评分向量。

接下来将所有项目进行分类，计算项目类别概率矩阵 $\boldsymbol{P}$，由公式（4.1）初始化矩阵 $\boldsymbol{R}$，对矩阵 $\boldsymbol{R}$ 进行迭代计算，然后由公式（4.3）计算新用户的 CR 值，将 CR 按照逆序顺序排序，用户得到的推荐结果是排在前面的几个项目。至此，算法结束。

4.3　NCRWRA 算法在 MovieLens、BookCrossing 和 Netflix 数据集中的实验与分析

4.3.1　实验环境

处理器：Intel® Core（TM）i5－2450M CPU @ 2.50 GHz。

内存：4.00 GB。

系统类型：Windows 8，64 位操作系统。

开发语言：R 语言。

4.3.2　实验结果与分析

与 4.1.4 节中的数值实验采用了相同的数据集，从每个数据集抽取了 1 000 个用户作为测试数据，把这 1 000 个用户作为新用户，在

MovieLens、BookCrossing 和 Netflix 三个数据集上，分别用 NCRWRA 和 CRWRABARM 进行运算，用 MSE 评价指标来评价计算结果。

在 MovieLens、BookCrossing 和 Netflix 三个数据集上分别通过 10 次随机抽取 1 000 个用户来进行实验，具体的实验结果如图 4.5 至图 4.7 所示。

MovieLens 数据集的计算结果如图 4.5 所示。

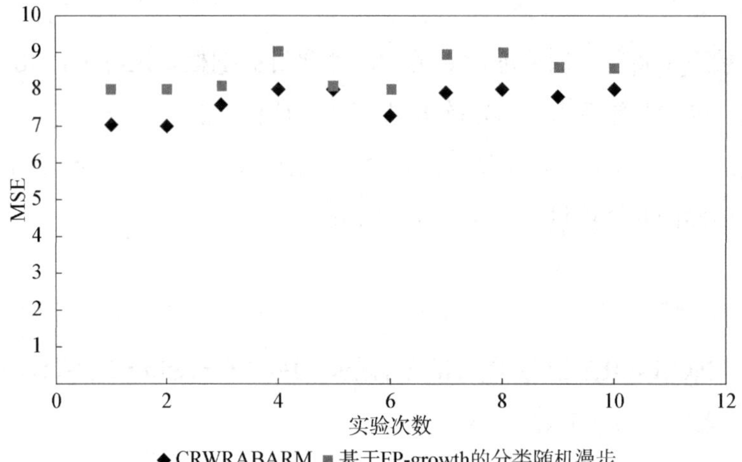

图 4.5　MovieLens 数据集的结果

BookCrossing 数据集的计算结果如图 4.6 所示。

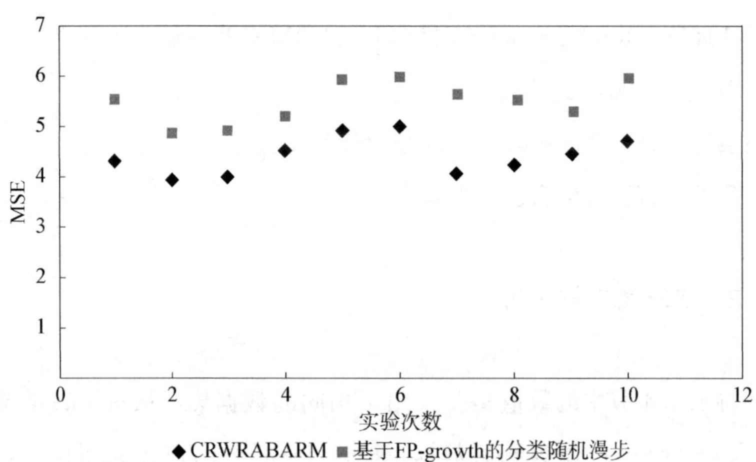

图 4.6　BookCrossing 数据集的结果

Netflix 数据集的计算结果如图 4.7 所示。

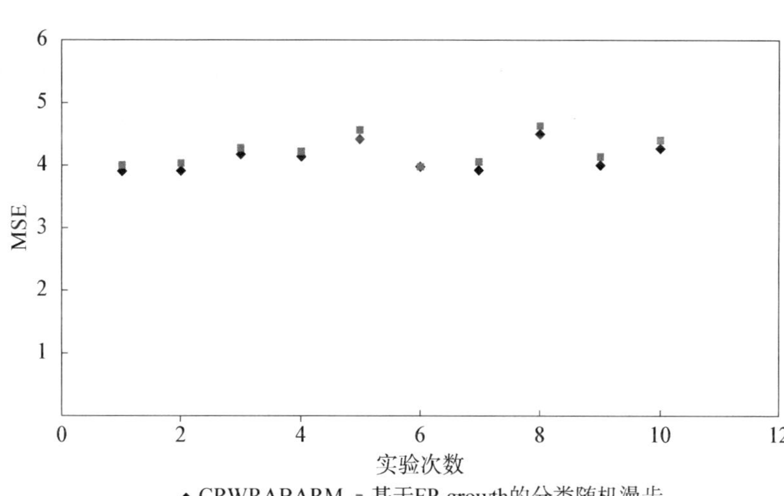

图 4.7　Netflix 数据集的结果

图 4.5 至图 4.7 是 NCRWRA 和 CRWRABARM 算法在 MovieLens、BookCrossing 和 Netflix 三个数据集上实验效果的比较，这两种算法都能够为新用户推荐，且 CRWRABARM 算法的性能总体要优于基于 FP-growth 的分类随机漫步推荐算法。将三个数据集上 10 次实验的 MSE 值取平均值，实验结果如表 4.2 所示。

表 4.2　基于关联规则的分类随机漫步推荐算法实验结果

数据集	基于 FP-growth 的分类随机漫步	CRWRABARM
MovieLens	8.51	7.61
BookCrossing	5.47	4.42
Netflix	4.36	4.13

实验结果表明，CRWRABARM 算法较好地解决了分类随机漫步推荐算法中新用户的评分向量问题，利用 CRWRABARM 算法，能够

生成项目和用户属性之间的关联规则，该关联规则能够构造新用户的初始评分向量，进而用分类随机漫步推荐算法为新用户做出推荐。从实验结果可以看出，CRWRABARM 算法能够对新用户进行推荐，且相对基于 FP-Growth 的分类随机漫步推荐算法具有更好的推荐效果。

4.4 本章小结

NCRWRA 克服了基于内容的推荐算法和协同过滤推荐算法的缺点和不足，用户所偏好的项目一般具有很强的相似性，这些项目属于相同类别的概率也很高，因此本章提出了 *CR* 进行分类评分。对某个用户进行迭代计算 *CR* 值，得到用户对项目的预测评分，通过实验将 NCRWRA 算法与协同过滤推荐算法、基于内容的推荐算法在 MovieLens、BookCrossing 和 Netflix 三个数据集上进行比较，发现 NCRWRA 算法具有更好的推荐结果。但是 NCRWRA 算法存在一个缺点，该算法对没有对任何项目做出过评分的用户即新用户推荐效果不佳，因为新用户没有任何评分，其评分向量所有元素的值都是 0，其计算得出的矩阵 $\boldsymbol{CR}$ 每个元素值也是 0，这样就无法对新用户进行推荐。

为了解决推荐算法对新用户推荐效果不理想的问题，本书引入了关联规则，提出 CRWRABARM。CRWRABARM 算法能够克服分类随机漫步推荐算法对新用户推荐效果不理想的缺点。为了能够对新用户进行推荐，需要为新用户构造初始评分向量，因此采用关联规则构造新用户的评分向量。实验结果也证明，CRWRABARM 算法完全可以弥补分类随机漫步推荐算法的缺点，实现对新用户进行推荐，并且具有较好的推荐结果。

本章提出的算法尽管考虑了用户评分这一属性，并且能够为新用户进行推荐，但对于其他属性仍欠考虑。例如在电影推荐中，电影的主演、导演、地区、类型、时长、年代、别名、简介等属性都是和推荐联系十分紧密的，如果不考虑这些属性，显然做出的推荐有失偏颇，会影响推荐的准确性，因此在第 5 章中将提出对包括用户评分在内的其他属性进行深入研究，并寻找发现其中隐藏的科学规律。

第 5 章

标签和协同过滤的组合推荐

传统的协同过滤算法只考虑用户评分这一属性，没有考虑其他属性。例如在电影推荐中，电影的主演、导演、地区、类型、时长、年代、别名、简介等属性都是和推荐有紧密联系的，但是传统的协同过滤完全没有考虑这些因素，显然，这样做出的推荐是不准确的。

标签中包含许多用户的信息，如用户的姓名、爱好、性别等。这些标签信息能够在很大程度上反映出用户的基本情况，把这些信息从标签中提取出来应用到推荐算法中，能够产生较好的推荐结果。传统的推荐系统恰恰缺少这些标签信息，如果两者进行融合，一定能产生更好的推荐结果。基于以上分析，本章提出 CRABL-CF，由于 CRABL-CF 不需要完全依赖用户-项目评分数据来进行推荐，因此该算法能够较好地解决推荐算法的冷启动问题。

5.1 组合推荐

5.1.1 基于标签的用户标签相似性

在协同过滤算法中，用户 U 可以根据他的评分表示为 $R_u = \{R_1,$

R_2，…，$R_m\}$；在标签系统中，用户 U 可以根据他标注过的标签表示为 $T_u=\{t_1, t_2, \cdots, t_n\}$。当计算用户标签相似性时，可以用一种简单的方法来计算用户共同标注过的标签数量与用户标注过标签集合数量的比例，公式如下：

$$\mathrm{tagsim}(u, v)=\frac{T_u \cap T_v}{T_u \cup T_v}。\tag{5.1}$$

在公式（5.1）中，T_v 表示用户 v 标注过的标签集合，T_u 表示用户 u 标注过的标签集合。这样的用户标签相似性计算方法有一个前提，即用户对所有标注过的标签具有相同的偏好，也就是说，每个标签具有相同的权重。但是这个前提通常是不成立的。用户在进行标注标签的时候，对不同标签的偏好往往不同，因为他对不同标签标注的次数不一样。公式（5.1）在计算用户标签相似性时，并没有将用户的偏好体现出来。举个例子来说明，比如有 3 个用户，他们对 3 个不同标签的标注次数如表 5.1 所示。

表 5.1　用户标签标注次数表

用户	t_1	t_2	t_3
u_1	8	1	2
u_2	6	2	1
u_3	1	1	3

如果按照公式（5.1）计算，那么用户 u_1 和 u_2 之间的标签相似性为 $\mathrm{tagsim}(u_1, u_2)=3/3=1$，用户 u_1 和 u_3 之间的标签相似性为 $\mathrm{tagsim}(u_1, u_3)=3/3=1$。但是根据实际情况，用户 u_1 和 u_2 都对 t_1 的偏好程度比较高，而用户 u_3 对 t_1 的偏好程度却比较低，显然 u_1 和 u_3 之间的相似性应该是一个小于 1 的数值。

通过以上分析，本书采用对标签取不同权重的方法来对用户进行表示。用户 u 表示为 $T_u=\{t_1:w_1,\ t_2:w_2,\ \cdots,\ t_n:w_n\}$，其中 w_i 表示标签 t_i 的权重，可以用公式（5.2）计算：

$$W_i=\frac{F_i}{\sum_{i=1}^{n}F_i}。\tag{5.2}$$

其中，F_i 表示用户对标签 t_i 的标注次数。

有了标签的权重，就可以更准确地计算出用户的标签相似性，用户 u 和 v 的标签相似性用公式（5.3）计算：

$$\text{tagsim}(u,\ v)=\sum_{i\in(T_u\cap T_v)}w_{u,\ i}\times w_{v,\ i}。\tag{5.3}$$

其中，$W_{u,i}$ 表示用户 u 对标签 i 的权重；$W_{v,i}$ 表示用户 v 对标签 i 的权重。

5.1.2 基于标签和协同过滤的组合推荐算法

基于标签和协同过滤的组合推荐算法进行两次过滤。第一次过滤是在标签系统中，该算法根据用户的标签相似性进行过滤，得到标签相似用户的 K_1 个最近邻。接下来，把过滤结果 K_1 作为第二次过滤的输入，根据用户评分相似性，得到过滤结果 K_2，K_2 表示基于用户评分相似性得到的用户最近邻，然后对用户的评分进行预测，最后选择预测评分由高到低的前 N 个项目作为推荐结果推荐给用户。

5.2 算法流程

首先将用户评分数据进行数据预处理，将用户评分小于 3 分的数据转化为−1，用户评分大于等于 3 分的数据转化为 1；接下来随机地将评分数据分为测试集和训练集，其比例为 1∶4。统计用户为每个标签的标注次数，计算出用户的每个标签的权重。对于训练集用户，利用公式（5.3）计算用户标签相似性，接着对用户标签相似性按照由大到小的顺序排序，取前 K_1 个用户作为标签过滤，得到前 K_1 个最近邻，把这 K_1 个最近邻作为计算评分相似性的候选，计算用户与 K_1 的评分相似性，并按照用户评分相似性由大到小的顺序排序，取排在前面的 K_2 个用户的最近邻，然后根据这 K_2 个用户评分过的项目的评分为用户对项目的评分进行预测。将用户的预测评分按照由大到小的顺序排序，取前 N 个项目作为最终的推荐结果。算法的具体流程如图 5.1 所示。

输入：用户标签的数据集 T，用户评分的数据集 R，基于标签相似性邻居数 K_1，用户共同的评分阈值 X

输出：用户的评分相似性

1）对数据集 T 进行扫描，将用户标签系统表示为 $T_u=\{t_1, t_2, \cdots, t_n\}$

2）得出用户的每个标签权重，用户表示为 $T'_u=\{t_1:w_1, t_2:w_2, \cdots, t_n:w_n\}$

3）对数据集 R 进行扫描，得到的正负评分矩阵为 $\boldsymbol{M}=[[R_{1,1}, R_{1,2}, \cdots, R_{1,m}], [R_{2,1}, R_{2,2}, \cdots, R_{2,m}], \cdots, [R_{n,1}, R_{n,2}, \cdots, R_{n,m}]]$

4）正负评分矩阵按照 1∶4 比例生成测试集和训练集

5）得出训练集中所有用户的集合 $U=\{u_1, u_2, \cdots, u_n\}$

6）对于用户集合中的所有用户，由公式 $\text{tagsim}(i, j)=\sum_{i\in(T_u\cap T_v)} w_{u,i}*w_{v,i}$ 计算用户 i 与 j 之间的标签相似性

7）将用户的标签相似性按照从大到小的顺序排序，得到用户的前 K_1 个邻居

8）对于用户集合中的所有用户，由公式 $\text{sim}(i, j)=\min(X, R_i\cap R_j)*(R_i\cap R_j)/(R_i\cup R_j)^2$ 计算得出用户 i 与 j 之间的评分相似性

图 5.1　CRABL-CF 算法

5.3 CRABL-CF 算法在 MovieLens 数据集中的实验与分析

5.3.1 数据集介绍

实验选取的数据集是 MovieLens 20M Datasets。MovieLens 数据集由 MovieLens 网站上的电影推荐记录组成，用户拥有三个属性，分别是年龄、职业和性别。MovieLens 20M Datasets 包含了 13.8 万个用户对 2.7 万部电影的评分记录和标签记录，其中评分记录达到 2 000 万条，标签记录达到 46.5 万条，用户的评分等级被划分为从 0.5 到 5.0 的 10 个等级。

5.3.2 实验方案设计

首先将用户评分预处理成由 1 和－1 组成的评分矩阵，其中用户评分小于 3 的表示为－1，用户评分大于等于 3 的表示为 1。接下来对基于标签的 K_1 邻居数量的值进行变换，观察推荐效果与 K_1 的变化关系，选择最优的 K_1 值。在 K_1 最优的情况下，对于用户共同评分阈值 X 进行变换，查看推荐效果与 X 的变化关系，选择最优的 X。在 K_1 和 X 达到最优的情况下，对基于评分的 K_2 邻居数量的值进行变换，查看推荐效果与 K_2 的变化关系，从而选择最优的 K_2 值。

5.3.3 实验结果与分析

对基于标签的用户邻居数量 K_1 值进行变换，得到 MAE 与 K_1 的关系图，如图 5.2 所示。

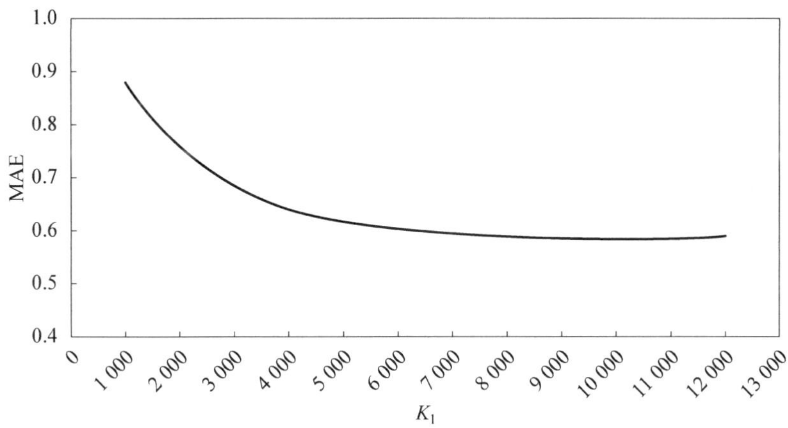

图 5.2　MAE 与标签邻居数量关系图

从图 5.2 中可以看出，随着 K_1 值的不断增大，MAE 值逐渐减小，并且最终收敛。当 $K_1 \geqslant 8\,000$ 时，MAE 值达到最小，因此 $K_1 = 8\,000$。

当取 $K_1 = 8000$ 时，变换阈值 X，得到 MAE 与 X 的关系图，如图 5.3 所示。

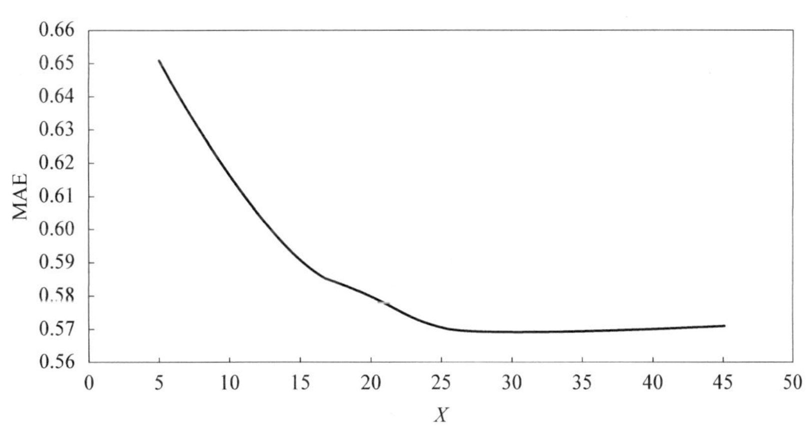

图 5.3　MAE 与标签阈值关系图

观察图 5.3，随着 X 的不断增大，MAE 逐渐减小并最终收敛。当 $X > 25$ 时，MAE 值达到最小，因此取 $X = 25$。

当取 $K_1=8\,000$，$X=25$ 时，对基于评分的用户邻居数量 K_2 值进行变换，得到 MAE 与 K_2 的关系图，如图 5.4 所示。

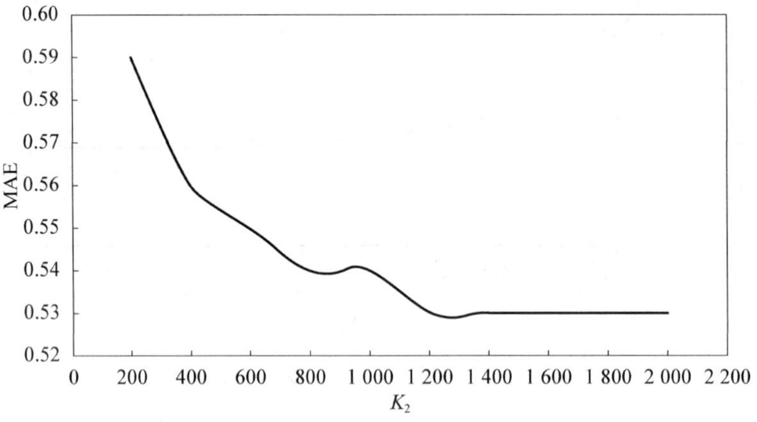

图 5.4　MAE 与基于评分用户邻居数量关系图

观察图 5.4，随着基于评分用户邻居数量 K_2 值的不断增大，MAE 逐渐减小，最终达到收敛。当 $K_2 \geqslant 1\,200$ 时，MAE 值达到最小，因此取 $K_2=1\,200$。

通过以上实验，当 $K_1=8\,000$，$X=25$，$K_2=1\,200$ 时，推荐效果达到最好。

5.4　在企业数据集中的实验与分析

5.4.1　数据集介绍

本实验所采用的实验数据来自企业招投标平台从 2015 年 4 月至 2016 年 10 月的招投标数据。数据集包括 4 586 个供应商的主营物资信息和 4 586 个供应商对 1 698 份标书的 4 213 条投标记录。

5.4.2　实验结果与分析

不引入标签，根据用户感兴趣的数据，对阈值 X 的值进行变换，查看 MAE 与 X 的变化关系，如图 5.5 所示。

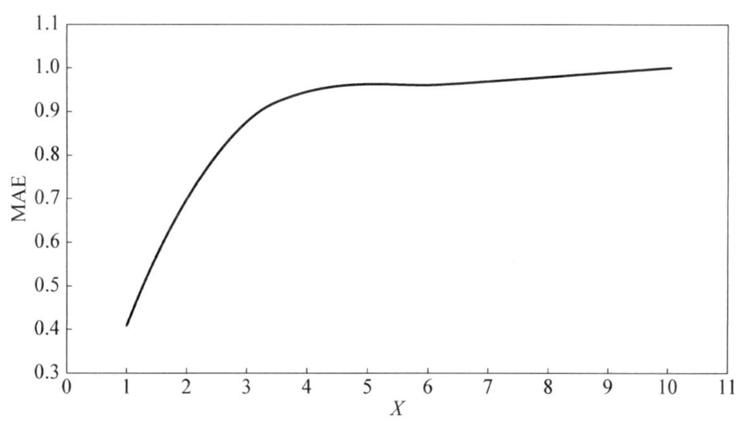

图 5.5　MAE 与用户感兴趣数据阈值关系图

观察图 5.5，随着阈值 X 的不断增大，MAE 的值越来越大，原因是用户感兴趣的数据非常少，用户的共同评分数据也非常少，在 X 取值很小时，用户之间的相似性很大，但是这样的推荐是不准确的。从实验结果可以看出，在数据极度稀疏或为 0 的情况下，若不对阈值 X 的值进行设置，则可能造成用户相似性计算的不准确，从而致使给用户的推荐结果与实际情况不相符合，这种情况说明，当数据极度稀疏时，仅仅依靠评分数据进行推荐会带来推荐结果不准确的严重问题。

引入标签，采用 CRABL-CF 算法。在同种条件下，取有标签信息（TagRating）的供应商感兴趣的数据和所有供应商感兴趣的数据（AllRating），对邻居数量 K 值进行变换，比较数据的 MAE 值大小，如图 5.6 所示。

观察图 5.6，在同种条件下，取有标签信息的供应商感兴趣的数据

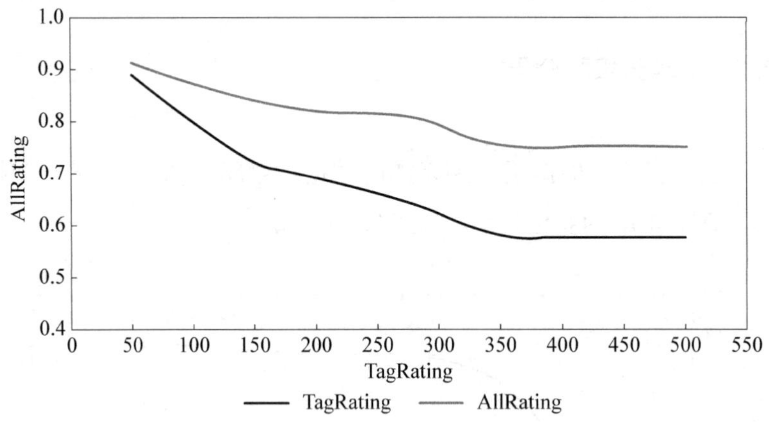

图 5.6 CRABL-CF 算法 K 值与 MAE 关系图

得出的 MAE 值要小于取所有供应商感兴趣的数据得出的 MAE 值。这说明将标签引入推荐中对具有标签信息的供应商的推荐效果的改善是有效的，同时说明 CRABL-CF 算法在推荐效果方面要优于传统协同过滤推荐算法。

对图 5.6 进行分析，当基于标签的邻居数量 $K_1 \geqslant 350$ 时，MAE 值达到最小并且收敛，因此本实验将取 $K_1=350$。

当取 $K_1=350$ 时，对阈值 X 进行变换，观察 MAE 与 X 的关系图，如图 5.7 所示。

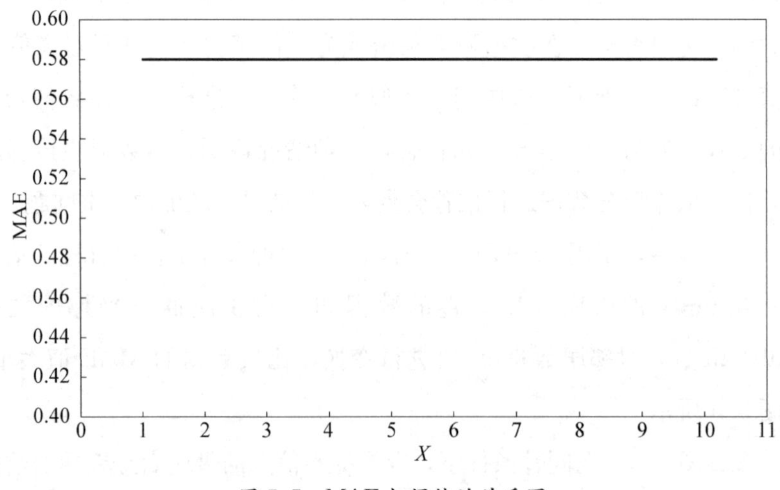

图 5.7 MAE 与阈值的关系图

观察图 5.7，尽管阈值 X 在不断变化，MAE 值却稳定不变，原因是用户评分数据极度稀疏，有共同标注标签的用户的评分数据几乎没有，所以 MAE 与 X 的关系变化不明显。

当取 $K_1=350$ 时，对基于用户相似性邻居数量 K_2 的值进行变换，观察 MAE 与 K_2 的关系图，如图 5.8 所示。

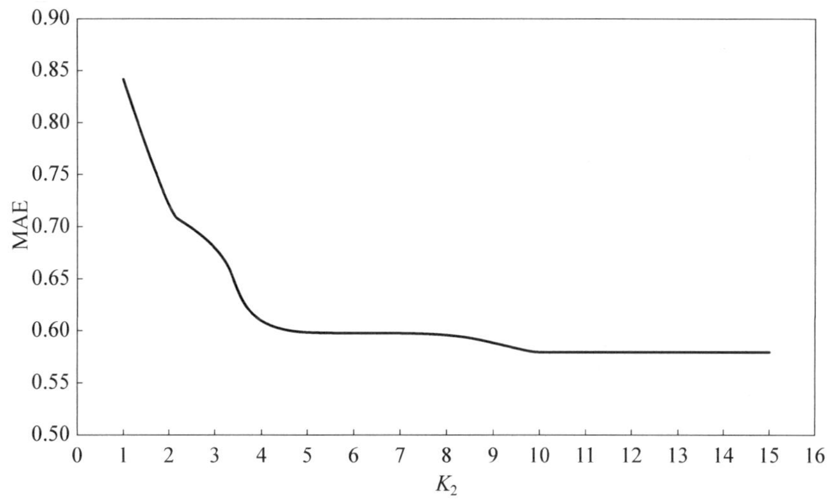

图 5.8　MAE 与用户相似性邻居数量的关系图

观察图 5.8，当基于用户评分相似性邻居数量 $K_2 \geqslant 10$ 时，MAE 值达到最小并且收敛，因此本实验将取 $K_2=10$。

通过以上实验分析，本次实验中取 $K_1=350$，$K_2=10$，X 取任意值，可以得到最好的推荐效果。

5.5　本章小结

为了解决推荐算法中的冷启动问题，本章从传统的协同过滤推荐算法忽略对用户和资源本身特性的问题出发，将可以代表用户和资源本身特性的标签与协同过滤进行融合，提出了 CRABL-CF 算法。CRABL-CF 算法首先计算得出用户的标签相似性，因为标签的权重不尽相同，在计算时，CRABL-CF 算法给不同的标签赋予不同的权重。在计算得出用户的标签相似性之后，按照相似性由大到小的顺序排序，得到 K_1 个邻居用户。接下来 CRABL-CF 算法采用传统协同过滤，计算得出用户与 K_1 个邻居用户的评分相似性，最终得到 K_2 个邻居用户，并产生预测评分。

本章还介绍了算法的主要流程，通过实验分析，在实验中得到了针对数据集具有最好推荐效果的 K_1、X、K_2 的取值。实验结果表明，CRABL-CF 算法能够较好地解决推荐算法的冷启动问题，从而更好地为用户进行推荐。

推荐系统的稀疏性问题一直是需要解决的重要问题，当我们在计算高稀疏性数据最近邻时，往往产生不准确的计算结果，在第 6 章中将对高稀疏性数据最近邻的计算模型和算法进行重点阐述。

第 6 章

基于关联规则的矩阵预填充相似性度量模型

随着电子商务规模的扩大，用户数和项目数呈指数级增长，这导致了用户评分矩阵极度稀疏，用户间共同评分的项目所占比例更小。使用传统的相似度计算很难得到真正的最近邻集。在用户评分矩阵稀疏的情况下，传统的相似性度量方法并不能有效地度量目标之间的相似性，从而不能准确找到目标的最近邻，导致推荐系统质量下降。

推荐系统具有稀疏性问题，为了解决传统协同过滤技术在计算高稀疏性数据最近邻时的不准确性，本章介绍 TMPSMMBAR，在 TMPSMMBAR 模型的基础上，提出两种算法："first proposed" 和 "final proposed" 算法，并进行了模型和算法的对比实验。

6.1 传统相似性度量

传统相似性度量方法的基本思想是通过分析评分矩阵，寻找与目标用户（项目）相似的用户（项目）集合，从而产生推荐。用户评分矩阵可以用一个 $m \times n$ 阶的矩阵 $\boldsymbol{R}(m, n)$ 表示，m 行代表 m 个用户，n 列代表 n 个项目，第 i 行第 j 个元素 $R_{i,j}$ 表示用户 i 对项目 j 的评分。推荐过程主要有三个步骤：建立用户模型，寻找最近邻，产生推荐。其中，寻找最近邻主要完成目标用户（项目）最近邻的识别，通过评分矩阵计算用户（项目）间的相似性，然后根据相似性大小找到目标的最近邻集，最后通过预测公式产生推荐结果。在这一过程中，准确计算项目间的相似度是整个推荐过程的核心。

6.2　相似性度量模型的改进

由于在遇到数据高稀疏性情况时，关联规则能够挖掘出项目之间潜在的关系，因此关联规则可以用来预填充用户-项目评分矩阵，以丰富数据资源和解决推荐系统质量下降的问题。预处理后，使用用户相似度计算方法来计算最终的相似度。由于在评分矩阵中添加了数据，相似度的计算结果变得比以前更加准确。

6.2.1　用户-项目矩阵的二值化

在应用关联规则挖掘算法的时候，首先应当二值化用户-项目矩阵。设 $\boldsymbol{R}(m, n)$ 是用户-项目评分矩阵，m 表示用户数量，n 表示项目数量。$B(m, n)$ 是对 $\boldsymbol{R}(m, n)$ 进行二值化后的结果，$B(m, n)$ 中的值如下：

$$B_{i,j}=\begin{cases}1, & r_{i,j}>\mathrm{avg}U(i),\\ 0, & r_{i,j}<\mathrm{avg}U(i)。\end{cases} \tag{6.1}$$

在公式（6.1）中，$\mathrm{avg}U(i)$ 表示用户 i 对所有项目的平均评分。

6.2.2　关联规则的产生

根据关联规则挖掘的概念，将其应用于协同过滤推荐算法。一个项目可能与另一个项目存在着潜在关系。每个用户都是单独的事务，不同的项目有不同的属性。如果用户 A 喜欢项目 X，那么根据最小支持度和最小置信度的关联规则，用户 A 很可能喜欢项目 Y。设 D 是用户数量，count（A）在二进制矩阵中是项目 A 的数量，count（$A \cup B$）在二进制矩阵中是项目 A 和 B 的总数量。support($B \Rightarrow A$) 的计算方法如公式（6.2）所示，confidence($B \Rightarrow A$) 的计算方法如公式（6.3）所示，all _ confidence($B \Rightarrow A$) 的计算方法如公式（6.4）所示：

$$\text{support}(B \Rightarrow A) = \frac{\text{count}(A \cup B)}{D}。 \tag{6.2}$$

$$\text{confidence}(B \Rightarrow A) = \frac{\text{count}(A \cup B)}{\text{count}(B)}。 \tag{6.3}$$

$$\text{all\_confidence}(B \Rightarrow A) = \min(\text{confidence}(B \Rightarrow A), \text{confidence}(A \Rightarrow B))。 \tag{6.4}$$

6.2.3　基于关联规则的用户-项目矩阵预填充

为了完成矩阵的预填充，需要一个结构节点。除了原始的评分值，一个“flag”被放入结构节点，可以知道预填充矩阵中的更新。由于大数据量需要消耗大量的内存，因此没有必要重新定义一个矩阵。为了减少内存消耗，提高效率，在每个数据节点只使用一个“flag”成员。然后，矩阵 $\boldsymbol{R}(m, n)$ 的每个成员都是一个结构节点，而不仅仅是一个评分值。avg$I$（i）是所有用户对项目 i 的平均评分，avg$U$（i）是用户 i 对所有项目的平均评分，$p_{u,i}$ 是用户 u 对项目 i 的评分，S 是由公式（6.3）和公式（6.4）生成的关联规则集。对于 S 中的所有关联规则，j 可以表示为 $i_k \Rightarrow j$，n 是 $i_k \Rightarrow j$ 生成关联规则的数量。每个用户 u 可以根据 $i_k \Rightarrow j$ 产生的关联规则对项目 j 进行评分，p_{u,j_k} 是用户 u 根据 $i_k \Rightarrow j$ 产生的关联规则对项目 j 评分的结果，p_{u,j_k} 的值是根据公式（6.5）得来的：

$$p_{u,\ j_k}=\text{avg}\boldsymbol{I}(j)\times\left(1+\frac{r_{u,\ i_k}-\text{avg}\boldsymbol{I}(i_k)}{\text{avg}\boldsymbol{I}(i_k)}\right)。\tag{6.5}$$

W_k 是基于 $i_k \Rightarrow j$ 形成的关联规则的评价权重，W_k 的计算如公式（6.6）所示：

$$W_k=\frac{1+n-k}{1+2+\cdots+n}=\frac{2(1+n-k)}{n(n+1)}。\tag{6.6}$$

因此，用户 u 对项目 j 的评分计算如公式（6.7）所示，矩阵 $\boldsymbol{R}(m,\ n)$ 的预填充如公式（6.8）和公式（6.9）所示：

$$\begin{aligned}p_{u,\ j}=\sum_{k=1}^{n}w_k\times p_{u,\ j_k}=\frac{2(1+n-k)}{n(n+1)}\times\\ \text{avg}\boldsymbol{I}(j)\times\left(1+\frac{r_{u,\ i_k}-\text{avg}\boldsymbol{I}(i_k)}{\text{avg}\boldsymbol{I}(i_k)}\right)。\end{aligned}\tag{6.7}$$

$$R_{i,\ j^*}\text{ rating}=\begin{cases}r_{i,\ j^*}\text{ rating}, & \text{如果用户 } i \text{ 对 } j \text{ 评分},\\ p_{u,\ j}, & \text{如果用户 } i \text{ 没有对 } j \text{ 评分并且 } j \text{ 有关联规则},\\ \text{avg}U(i), & \text{如果用户 } i \text{ 没有对 } j \text{ 评分且 } j \text{ 没有关联规则。}\end{cases}\tag{6.8}$$

$$R_{i,\ j^*}\text{ flag}=\begin{cases}1, & \text{如果 } r_{i,\ j} \text{ 根据关联规则更新},\\ 2, & \text{如果 } r_{i,\ j} \text{ 根据 avg}U(i) \text{ 更新},\\ 0, & \text{如果 } r_{i,\ j} \text{ 没有更新。}\end{cases}\tag{6.9}$$

6.2.4 查找 k-最近邻

在完成上述过程后，用户矩阵 $\boldsymbol{R}(m,\ n)$ 被预先填充数据，没有一个评分等于零。使用项目相似性步骤之前，首先考虑用户的相似性。用户 i 和用户 j 的相似度计算如公式（6.10）所示：

$$\mathrm{sim}(i,\ j)=\frac{\sum_{c\in I}(R_{i,\ c}-\overline{M_i})(R_{j,\ c}-\overline{R_j})}{\sqrt{\sum_{c\in I}(R_{i,\ c}-\overline{R_i})^2}\sqrt{\sum_{c\in I}(R_{j,\ c}-\overline{R_j})^2}}。\quad(6.10)$$

对于每个用户 u，查找 k -最近邻就是查找用户集 $U=\{U_1,\ U_2,\ \cdots,\ U_k\}$，$u\notin U$，使 $\mathrm{sim}(u,\ U_1)$ 达到最大值，$\mathrm{sim}(u,\ U_2)$ 达到次大值，等等。

6.2.5　推荐的产生

在找到 k -最近邻步骤之后，下一步产生推荐。让用户 u 的最近邻是 NNu，用户 u 给项目 i 的评分是 $R_{u,i}$，计算方法如公式（6.11）所示：

$$R_{u,\ i}=\begin{cases}\overline{R_u}+\dfrac{\sum_{n\in NNu}\mathrm{sim}(u,\ n)\times(R_{n,\ i}-\overline{R_n})}{\sum_{n\in NNu}(|\ \mathrm{sim}(u,\ n)\ |)}, & \text{if } r_{u,\ i}.flag=2,\\ r_{u,\ i}, & \text{if } r_{u,\ i}.flag=0。\end{cases}\quad(6.11)$$

通过公式（6.11），本书提出的“first proposed”算法如图 6.1 所示。

输入：用户项目评分矩阵，最小支持度和最小置信度，最小关联规则的计数
输出：关联规则集
1）初始化最小支持度和最小置信度，规则集为空
2）使用公式（6.1）生成用户矩阵的二元矩阵
3）在最小支持度阈值内计算频繁 1 -项集
4）在最小支持度阈值内基于频繁 1 -项集的结果，用公式（6.2）计算频繁 2 -项集
5）for 每个频繁 2 -项集让 B 成为前项，A 成为结果项
6）计算 confidence($B\Rightarrow A$)

```
7) 计算 confidence(A⇒B)
8) 计算 all _ confidence(B⇒A)
9) if all _ confidence(B⇒A) > minimum confidence then
10)       放置关联规则 B⇒A 到 S
11)    else
12)       继续
13) end for each
14) if S. size < 最小关联规则计数 then
15)    S. clear ()
16)    设置一个新的最小支持和最小置信度
17)    返回步骤 1)
18) end if
19) 返回规则集 S
```

图 6.1 “first proposed”算法描述

该算法的目的是增加相似度计算的准确性，但在公式（6.11）中，关联规则的评分没有使用该算法，因为通过公式（6.8）已经直接更新了它们的评分。然后自动将公式（6.11）更新为公式（6.12）。

$$R_{u,\ i}=\begin{cases}\overline{R_u}+\dfrac{\sum\limits_{n\in NNu}\operatorname{sim}(u,\ n)\times(R_{n,\ i}-\overline{R_n})}{\sum\limits_{n\in NNu}(|\operatorname{sim}(u,\ n)|)}, & \text{if } r_{u,\ i}.\text{flag}\neq 0,\\ r_{u,\ i}, & \text{if } r_{u,\ i}.\text{flag}=0。\end{cases}\tag{6.12}$$

6.2.6 算法描述

根据公式（6.12），本书提出了“final proposed”算法，该算法主要分为三个步骤：首先是与“first proposed”算法一样生成关联规则，第二步是找出 k -最近邻，最后一步是生成推荐。“final proposed”算法描述如图 6.2 所示。

```
输入：用户项目评分矩阵，最小支持和最小置信度，最小关联规则计数
输出：推荐列表
运行“first proposed”算法产生规则集 S
for 每个用户
    for 每个项目
        if 项目在 S 的规则集中 then
            在置信度下降的顺序中得到先行词
            根据公式（6.7）（6.8）（6.9）更新 R_{i,j}
        end if
    end for each
end for each
for 每个用户 i in U
    for 每个用户 j in U
        if i < j then
            用公式（6.10）计算 sim(i, j)
        else sim(i, j) = sim(j, i)
    end for each
end for each
    for 每个用户 i in U
        根据公式（6.12）计算评分
end for each
返回用户没有评分的 top-N 项.
```

图 6.2　“final proposed”算法描述

6.3 不同算法和模型在 MovieLens 和 Jester 数据集中的实验与分析

6.3.1 算法比较实验

实验环境如下。

处理器：Intel® Core（TM）i5 - 2450M CPU @ 2.50 GHz。

内存：4.00 GB。

系统类型：Windows 8，64 位操作系统。

开发语言：R 语言。

在实验中，使用两个大小不同的 MovieLens 数据集来进行实验，并查看该算法是否在大数据中表现良好。这两个数据集都是从官方网站下载的 MovieLens，使用的数据集如表 6.1 所示。用 MAE 对算法进行评估。

表 6.1 数据集描述

数据集	记录数量/个	用户数量/个	项目数/个	稀疏性/%
ml - 100K	100 000	943	1 682	0.937 0
ml - 1M	1 000 000	6 040	3 900	0.957 5

首先，比较基于项目的协同过滤与基于用户的协同过滤，并决定选择策略，以改进传统的协同过滤算法，实验结果如图 6.3 所示。

图 6.3 显示了两种方法的比较。从图 6.3 中可以看出，当缺乏邻居时，基于项目的协同过滤平均绝对误差较小，但随着邻居数量增加，基于用户的协同过滤平均绝对误差较小，算法更加准确，并且结果更

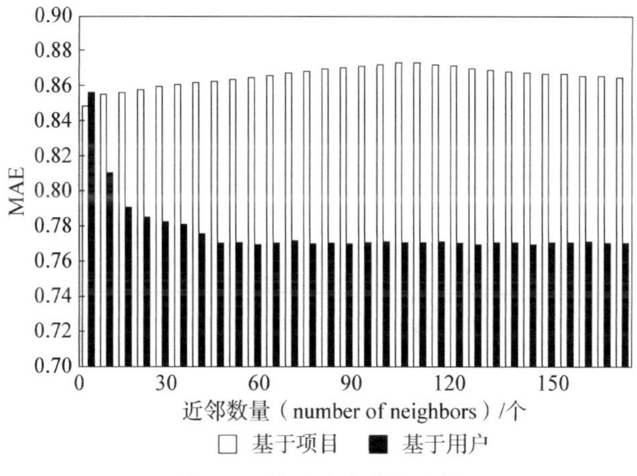

图 6.3　协同过滤算法比较

稳定。这就是本书选择基于用户的策略来改进协同过滤算法的原因。

图 6.4 和图 6.5 显示了该算法和经典的协同过滤在两个大小不同的 MovieLens 数据集的实验结果。

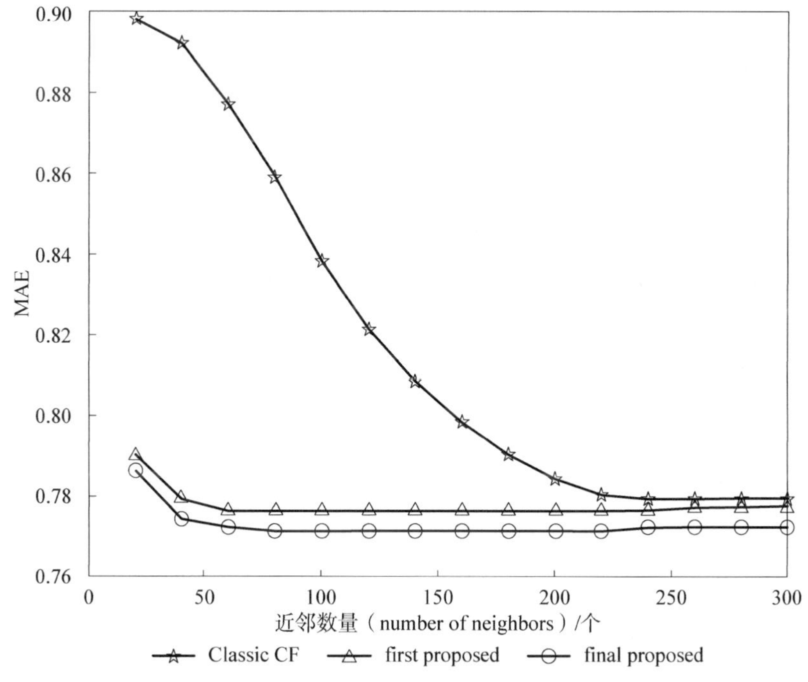

图 6.4　MovieLens 100 K 数据集算法准确性比较

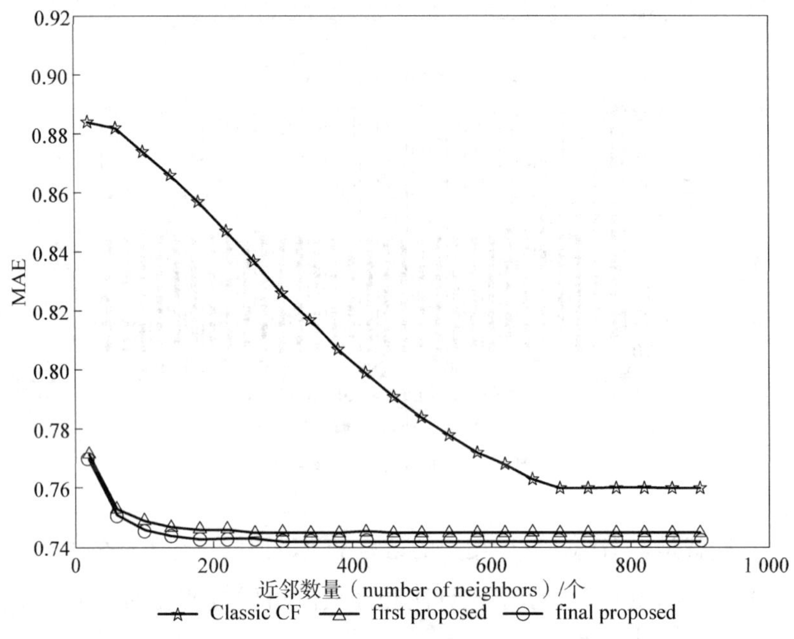

图 6.5 MovieLens 1M 数据集算法准确性比较

图 6.4 和图 6.5 中的“first proposed”曲线是基于公式（6.11）得到的，而“final proposed”曲线是基于公式（6.12）得到的。很明显，“first proposed”和“final proposed”的 MAE 值比“Classic CF”要小得多，它们的收敛速度快，可以大大提高算法的效率。而且，“final proposed”的 MAE 值要比“first proposed”的值更小。从结果的差异不难分析，在“first proposed”算法中，使用关联规则来更新用户-项目评分矩阵，在“final proposed”算法中，把关联规则作为一种预处理方法对用户-项目矩阵进行预填充。

6.3.2 模型比较实验

实验环境如下。

处理器：Intel® Core（TM）i5 - 2450M CPU @ 2.50 GHz。

内存：4.00 GB。

系统类型：Windows 8，64 位操作系统。

开发语言：R 语言。

在实验中，利用 MAE、Precision、Recall 这 3 项评价指标对 3 个模型进行比较（参看第 2 章），采用的评分数据集分别为 MovieLens（100 K）、MovieLens（1 M）和 Jester 数据集，其基本参数如表 6.2 所示。

表 6.2 评分数据集的基本参数

数据集	记录数/个	用户数/个	项目数/个	稀疏性/%
ml－100 K	100 000	943	1 682	0.937 0
ml－1M	1 000 000	6 040	3 900	0.957 5
Jester	1 810 455	19 986	100	0.094 1

文献［147］对目前常用的相似性度量进行了对比验证，将提出的模型 SM 基于不同的数据集进行性能测试与比较，实验结果表明，SM 表现良好；文献［148］借鉴二分网络思想，提出了基于多渠道扩散的 Diffusion 模型，在多个方面表现出优越性。本书尝试将提出的 TMPSMMBAR 模型与 SM、Diffusion 模型进行比较实验。实验采用用户近邻数目百分数 P 作为项目预测的比较标准，因为其不仅可以满足用户平均近邻数目比较小时的要求，而且同样适用于用户近邻数目参差不齐的情况。在实验中，P 的取值范围为 0.1～0.8，步长为 0.05。例如，当 $P=0.2$ 时，按照相似性值的大小，取每个用户近邻总量的前 20%作为参与推荐的推荐近邻集合。为了考察不同的项目推荐数目 N 对推荐结果的影响，本书采用 N 值作为项目推荐的比较标准，N 的取值范围为 6～20。实验结果分析如下。

1. MovieLens（100 K）数据集实验结果

MovieLens（100 K）数据集的实验结果如图 6.6～图 6.8 所示。

观察图 6.6 至图 6.8 所示实验结果，在 MovieLens（100 K）数据集上三个模型的表现情况为：对于 MAE 值，随着用户近邻数目百分数 P 的增大，三个模型表现稳定，TMPSMMBAR 模型略有减小，SM、Diffusion 模型略有增加，SM、Diffusion 两个模型的 MAE 值比较接近，TMPSMMBAR 模型占优；对于推荐精度，三个模型都有减小的趋势，Diffusion 的推荐精度较弱，TMPSMMBAR 模型略占上风。对

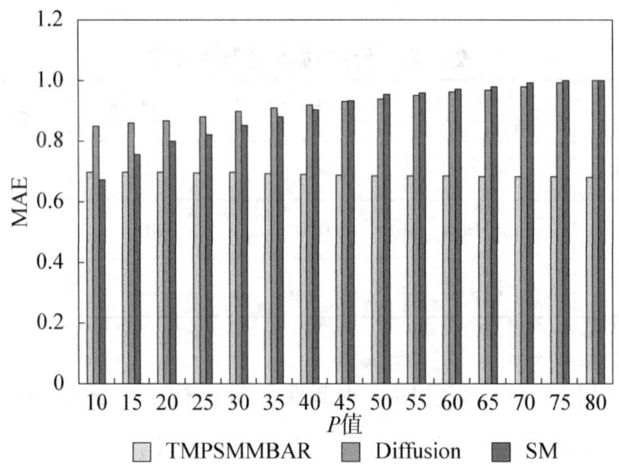

图 6.6 MovieLens（100 K）数据集 MAE 值的比较

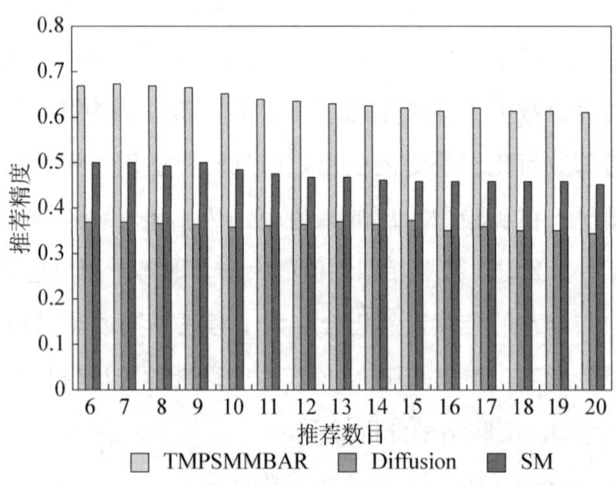

图 6.7 MovieLens（100 K）数据集推荐精度比较

于召回率（Recall）而言，随着推荐数目的增加，三个模型都有上升趋势，SM、Diffusion 两个模型较为接近，TMPSMMBAR 模型占优。

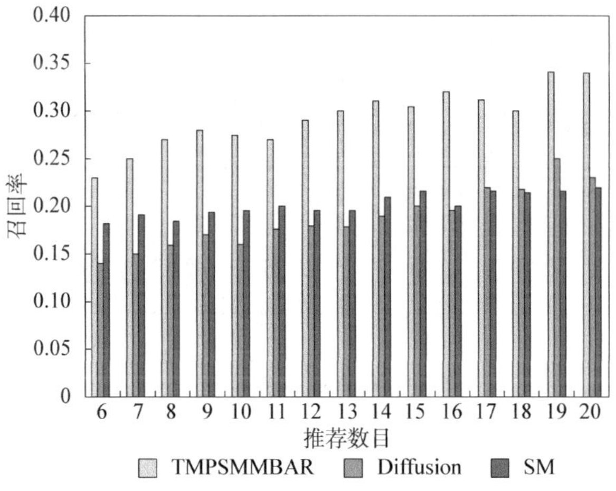

图 6.8　MovieLens（100 K）数据集召回率比较

2. MovieLens（1 M）数据集的实验结果

MovieLens（1 M）数据集的实验结果如图 6.9 至图 6.11 所示。

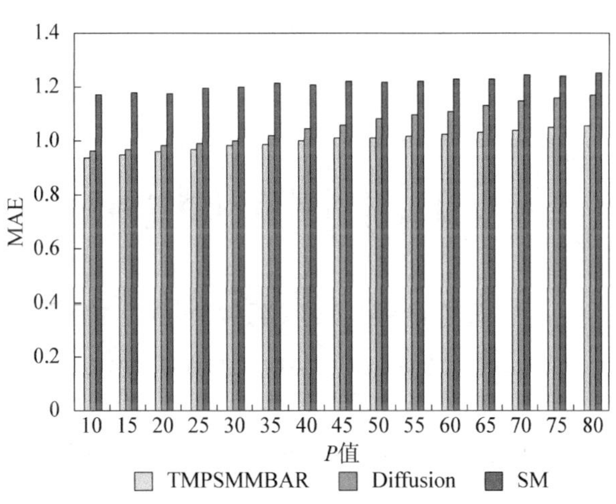

图 6.9　MovieLens（1 M）数据集 MAE 值的比较

观察图 6.9 至图 6.11 所示实验结果，在 MovieLens（1 M）数据集

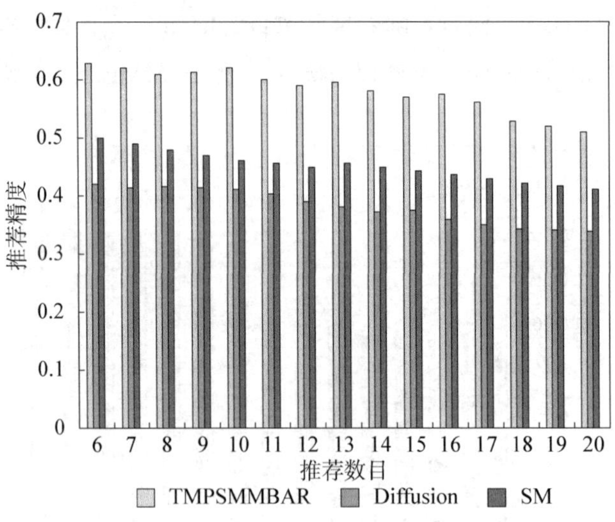

图 6.10　MovieLens（1 M）数据集推荐精度比较

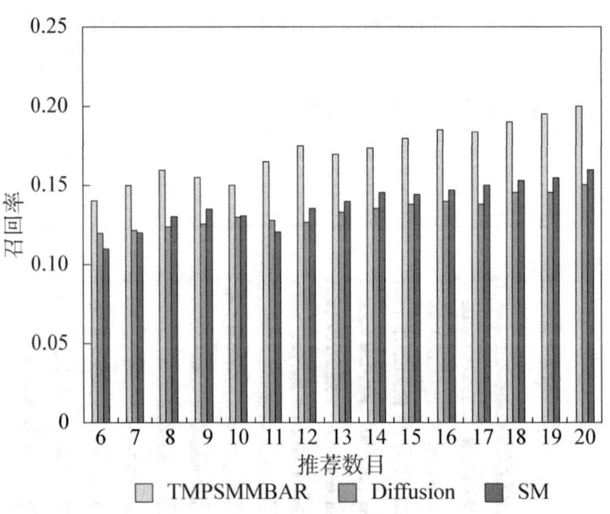

图 6.11　MovieLens（1 M）数据集召回率比较

上三个模型的表现情况为：对于 MAE 值，SM 模型的 MAE 值较大，TMPSMMBAR 模型、Diffusion 模型起初比较接近，随着 P 值增大，TMPSMMBAR 模型表现稳定，且 MAE 值最小，Diffusion 模型与 SM 模型越来越接近；对于推荐精度，TMPSMMBAR 模型占明显优势，

Diffusion 模型最低，三个模型都有减小的趋势；对于召回率而言，随着推荐数目的增加，TMPSMMBAR 模型略占优势，三个模型都有上升趋势，SM、Diffusion 两个模型较为接近。

3. Jester 数据集实验结果

Jester 数据集的实验结果如图 6.12 至图 6.14 所示。

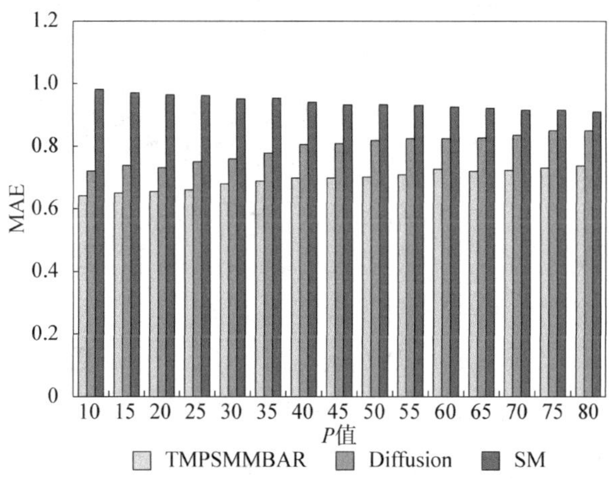

图 6.12　Jester 数据集 MAE 值比较

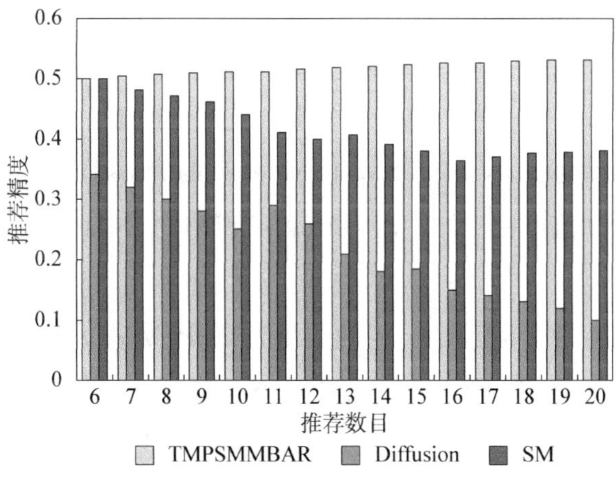

图 6.13　Jester 数据集推荐精度比较

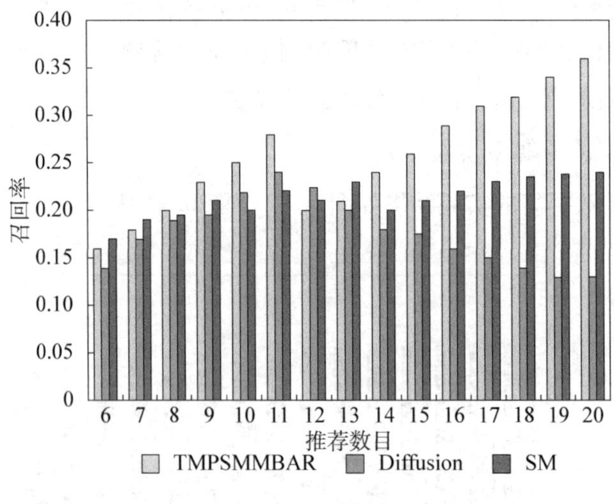

图 6.14　Jester 数据集召回率比较

观察图 6.12 至图 6.14 所示实验结果，在 Jester 数据集上三个模型的表现情况为：对于 MAE 值，随着用户近邻数目百分数 P 增大，SM 模型的 MAE 值最高，TMPSMMBAR 模型表现稳定，MAE 值最小，且三个模型的 MAE 值差别比前两个数据集明显；对于推荐精度，TMPSMMBAR 模型有增大趋势，SM、Diffusion 两个模型有减小趋势，随着推荐数目增加，差别越来越明显，Diffusion 模型的推荐精度较弱；对于召回率而言，起初三个模型差别不明显，但随着推荐数目增加，差别程度增大，TMPSMMBAR 模型的 Recall 值越来越大，SM 模型的 Recall 值也在增加，而 Diffusion 模型的 Recall 值有减小趋势，且差别明显。

综合分析图 6.6 至图 6.14 的结果，TMPSMMBAR 模型与 SM 模型和 Diffusion 模型相比，TMPSMMBAR 模型表现出良好的性能，并且随着 P 和 N 值的增大，一直保持着优势，且差别越来越明显。在总体性能上，TMPSMMBAR 模型占优，Diffusion 模型较弱，这主要是由于 TMPSMMBAR 模型在避免恶化数据稀疏性问题的同时，对相似性值做了一定程度的改进，稀疏性越高，TMPSMMBAR 模型的优势越明显。观察 Diffusion 模型，考虑了用户之间的相同评分，但对其他评分没有做相应处理，这不仅影响了近邻的选择，而且更加突出了数据本身的稀疏性问题，从而使得各方面性能有所下降，在与其他模型的比较中处于劣势。由于 Jester 数据集与其他数据集的不同，稀疏性较高，其评分级别范围是连续的，这就要求模型具有一定的适应性。

6.4 本章小结

为了解决推荐系统的稀疏性问题，本书提出了一种新的相似性度量模型来度量两个用户之间的相似度。首先，关联规则能够根据项目的相似性挖掘出项目之间的关联关系。其次，充分利用这些生成的规则来预填充用户-项目矩阵，对于没有关联规则的项目，用平均值而不是零进行填充。考虑到协同过滤的核心是找出 k -最近邻，通过矩阵预填充的方法能够提高查找 k -最近邻的效率。为了配合该算法，本书提出了一种新的数据结构，在这种数据结构中，放置了一个“flag”标志。实验结果表明，本书提出的模型和算法对于高稀疏性数据具有较好的处理效果，具体而言，精度和效率都比传统算法更好。

第 7 章

总结与展望

7.1 总结

随着互联网技术的飞速发展，人们可以很方便地在互联网上寻找到各种各样的信息。用户在寻找他们真正感兴趣的信息时，会花费大量的时间，致使效率不高，这种现象被称作“信息过载”。推荐系统是解决信息过载问题的一种行之有效的方法。

本书以推荐方法为研究对象，对推荐的模型和算法进行了深入研究，从解决推荐系统的缺点和问题的角度出发，提出了一些有效的推荐方法和算法，并将它们应用到数据分析中。本书涉及的研究工作主要取得了以下创新性研究成果。

7.1.1 提出了 IAA 和 IAFG

为了解决关联规则挖掘算法多次扫描数据库，造成效率低下、性能下降等问题，本书对关联规则挖掘算法进行了深入研究，基于矩阵对传统的 Apriori 算法进行了改进，提出了 IAA，该算法将事务数据库转化为布尔矩阵，只需扫描一次数据库，在挖掘过程中，减少布尔矩阵中不必要的行列，从而减小要扫描的数据的大小。针对 FP-growth 算法的缺点，基于分解矩阵对其改进，提出 IAFG，该算法首先将事务数据库转化为布尔矩阵，然后将矩阵分解为若干个子矩阵，分别对每个子矩阵使用 FP-growth 算法。IAFG 在数据库规模庞大时，能够有效地提高运行效率。实验结果表明，IAA 和 IAFG 能够有效地发现有用的关联规则，在一定程度上提高了关联规则挖掘的效率，适用于大数据。

7.1.2　提出了 NCRWRA 和 CRWRABARM

为了解决关联规则推荐算法在有用户评分的数据上推荐不准确的问题，本书对分类随机漫步推荐算法进行了深入研究和改进，提出了 NCRWRA。将 NCRWRA 算法与基于内容的推荐算法和协同过滤算法通过 DOA 评价标准进行比较，实验结果表明，NCRWRA 算法比传统的协同过滤算法和基于内容的推荐算法具有更好的推荐准确性。为了解决分类随机漫步推荐算法不能为新用户推荐的问题，本书提出了 CRWRABARM。CRWRABARM 算法利用关联规则挖掘计算用户属性与项目之间的关联关系，利用这些关联关系为新用户构建一个初始的评分向量，之后为该用户计算推荐结果。本书使用了三个数据集来进行实验，实验结果表明，该算法对于新用户的推荐具有良好的结果。

7.1.3　提出了 CRABL-CF

为了解决推荐系统的冷启动问题，本书提出了 CRABL-CF。CRABL-CF 算法进行两次过滤：第一次是在标签系统中，根据用户的标签相似性进行过滤，得到基于标签相似性的用户 K_1 个最近邻；把第一次过滤结果作为第二次的输入，根据用户的评分相似性，计算出用户的

K_2 个最近邻，然后预测用户的预测评分，从而选择预测评分最高的前 N 个项目作为推荐列表推荐给用户。实验结果表明，基于标签和协同过滤的组合推荐算法对于传统的协同过滤在冷启动推荐效果方面的改进是有效的。

7.1.4 提出了 TMPSMMBAR 及两种推荐算法

为了解决推荐系统的稀疏性问题，本书提出了 TMPSMMBAR，并在该模型的基础上，提出了“first proposed”和“final proposed”两种推荐算法，关联规则能够根据项目的相似性，挖掘出项目之间的关联关系。我们充分利用这些生成的规则来预填充用户-项目矩阵，对于没有关联规则的项目，用平均值而不是零进行填充。为了配合推荐算法，本书提出一种新的数据结构，在这种数据结构中，放置了一个“flag”标志。实验结果表明，本书提出的模型和算法对于高稀疏性数据具有较好的处理效果。

7.2 展望

本书涉及的研究工作有不少需要进一步研究的问题，列举部分问题如下：

(1) 中国是农业大国，农业问题是我国长期稳定发展的关键问题，著者对农业病虫害预测问题很感兴趣，在课题研究前期，对农业病虫害预测模型和农业环境因子无线监测做了一些研究工作。非常可惜的是，由于农业数据集的规模不够以及对相关农业知识的相对匮乏，无法开展进一步研究，对于农业病虫害预测模型和推荐方法以及数据挖掘算法在农业领域的应用仍然可以作为以后的重要研究方向。

(2) 随着大数据时代来临，数据规模越来越大，传输速度要求越来越高，面对这样一个大数据环境，数据挖掘算法和推荐方法的并行化是今后研究的重点问题。

(3) 随着数据维数的增加和数据种类的多样化，数据集具有复杂性和多样性的特点。因此，依靠数学建模提出多维和多层的数据挖掘和推荐算法是今后的研究方向。

参考文献

[1] XU Y, CHEN T. The design of personalized learning resource recommendation system for ideological and political courses[J]. International journal of reliability, quality and safety engineering, 2023, 30(1):10-14.

[2] LIU D, WANG Y, LUO C H, et al. An improved autoencoder for recommendation to alleviate the vanishing gradient problem [J]. Knowledge-based systems, 2023, 21(5):45-52.

[3] GAO Y. Collaborative filtering recommendation model based on normalization method [J]. Electronic design engineering, 2016, 9(6):291-300.

[4] GJOKA M, KURANT M, BUTTS C T, et al. Practical recommendations on crawling online social networks [J]. Selected areas in communications IEEE journal on, 2011, 29(9):1872-1892.

[5] VINODHA R, PARVATHI R. Content and location based point-of-interest recommendation system using HITS algorithm [J]. International journal of uncertainty, fuzziness and knowledge-based systems, 2023, 31(1):31-45.

[6] WEI J, HE J, CHEN K, et al. Collaborative filtering and deep learning based recommendation system for cold start items [J]. Expert systems with applications, 2017, 6(9):29-39.

[7] XIAO J, WANG M, JIANG B, et al. A personalized recommendation system with combinational algorithm for online learning [J]. Journal of ambient intelligence & humanized computing, 2017, 8(6):1-11.

[8] KUMAR N, PALLAVI K V, HANJI B R. Personalized travel recommendation system using average cumulative rating matrix factorization technique: concept and framework [J]. Vietnam journal of computer science, 2023, 10(2):159-165.

[9] 曹渝昆,方一新,苗泽宇,等. 基于衰减传播的知识图谱增强推荐系统[J]. 计算机工程与应用, 2023, 59(10):180-186.

[10] YERA R, MARTíNEZ L. A recommendation approach for programming online judges supported by data preprocessing techniques [J]. Applied intelligence, 2017, 14(8):1-14.

[11] 李霞,李守伟. 一种基于社交网络舆论影响的推荐算法[J]. 计算机应用与软件, 2017,7(1):275-280.

[12] 陈曦, 成韵姿. 一种优化组合相似度的协同过滤推荐算法[J]. 计算机工程与科学, 2017, 39(1):180-187.

[13] GOMEZ-URIBE C A, HUNT N. The netflix recommender system: algorithms, business value, and innovation [J]. ACM transactions on management information systems, 2016, 6(4): 7-13.

[14] PUGLISI S, PARRA-ARNAU J, FORNÉ J, et al. On content-based recommendation and user privacy in social-tagging systems [J]. Computer standards & interfaces, 2016, 4(1):17-27.

[15] BOUTET A, FREY D, GUERRAOUI R, et al. Privacy-preserving distributed collaborative filtering [J]. Computing, 2016, 98(8):827-846.

[16] AL-HASSAN M, LU H, LU J. A semantic enhanced hybrid recommendation approach: a case study of e-government tourism service recommendation system [J]. Decision support systems, 2015, 7(2):97-109.

[17] LIEBERMAN H. Letizia: an agent that assists web browsing [J]. Proc Ijcai, 1995, 5(1):924-929.

[18] LIU D, WANG Y, LUO C, et al. An improved autoencoder for recommendation to alleviate the vanishing gradient problem [J]. Knowledge-based systems, 2023, 18(7):45-53.

[19] HARPER F M, KONSTAN J A. The movieLens datasets: history and context [J]. ACM transactions on interactive intelligent systems, 2015, 5(4):19-25.

[20] JIANG H, WANG X, LI X, et al. A multifunctional ATP-generating system by reduced graphene oxide-based scaffold repairs neuronal injury by improving mitochondrial function and restoring bioelectricity conduction [J]. Materials today, 2022, 13(4):10-21.

[21] LINDEN G, SMITH B, YORK J. Amazon.com recommendations: item-to-item collaborative filtering [J]. IEEE internet computing, 2023, 7(1):76-80.

[22] BOUGHAREB R, SERIDI H, BELDJOUDI S, et al. Explainable recommendation based on weighted knowledge graphs and graph convolutional networks [J]. Journal of information & knowledge management, 2023,34(9):11-18.

[23] WANG C, MA W, CHEN C, et al. Sequential recommendation

with multiple contrast signals [J]. ACM transactions on information systems, 2023,36(7):89-96.

[24] 邓爱林，朱扬勇，施伯乐. 基于项目评分预测的协同过滤推荐算法[J]. 软件学报，2003，14(9):9-17.

[25] 陈健，印鉴. 基于影响集的协作过滤推荐算法[J]. 软件学报，2007，18(7):85-94.

[26] 曾春，邢春晓，周立柱. 个性化服务技术综述[J]. 软件学报，2002，13(10):52-61.

[27] 许海玲，吴潇，李晓东，等. 互联网推荐系统比较研究[J]. 软件学报，2009，20(2):350-362.

[28] 杨武，唐瑞，卢玲. 基于内容的推荐与协同过滤融合的新闻推荐方法[J]. 计算机应用，2016，36(2):414-418.

[29] 洪亮，任秋圜，梁树贤. 国内电子商务网站推荐系统信息服务质量比较研究：以淘宝、京东、亚马逊为例[J]. 图书情报工作，2016,2(3):97-110.

[30] 刘建国，周涛，汪秉宏. 个性化推荐系统的研究进展[J]. 自然科学进展，2009，19(1):1-15.

[31] 梁昌勇，冷亚军，王勇胜，等. 电子商务推荐系统中群体用户推荐问题研究[J]. 中国管理科学，2013，21(3):153-158.

[32] 王瑞琴，蒋云良，李一啸，等. 一种基于多元社交信任的协同过滤推荐算法[J]. 计算机研究与发展，2016，53(6):13-19.

[33] GRAHNE G, ZHU J. Fast algorithms for frequent itemset mining using FP-trees [J]. IEEE transactions on knowledge & data engineering, 2005, 17(10):1347-1362.

[34] LINWEI L, YIPING W, YEPIAO H, et al. Optimized Apriori algorithm for deformation response analysis of landslide hazards [J]. Computers & geosciences, 2023,15(8):12-19.

[35] GROUP L W. NPGA's request for longer trucking hours rejected

[J]. LPG world, 2023, 78(6):63-71.

[36] XU W, HUANG Y, SONG S, et al. A novel online combustion optimization method for boiler combining dynamic modeling, multi-objective optimization and improved case-based reasoning[J]. Fuel: a journal of fuel science, 2023,46(2):25-32.

[37] KUSHWAHA P. Improved lower bound on DHP: towards the equivalence of DHP and DLP for important elliptic curves used for implementation [J]. 2016, 23(6):106-110.

[38] HESS S. WOTUS rule could retain wetland limits if court scraps test, lawyer says [J]. Water policy report, 2023, 78(8): 132-140.

[39] LIANG Z, SUN J, LIN Q, et al. A novel multiple rules sets data classification algorithm based on ant colony algorithm [J]. Applied soft computing, 2016, 38(2):1000-1011.

[40] KALAYCI C B, POLAT O, GUPTA S M. A hybrid genetic algorithm for sequence-dependent disassembly line balancing problem [J]. Annals of operations research, 2016, 242(2):321-334.

[41] YU X, LI L, XU X, et al. Prediction of two-dimensional boron sheets by particle swarm optimization algorithm [J]. Journal of physical chemistry A, 2016, 116(37):75-79.

[42] CHU H, RAMOLA R, JAIN S, et al. Using association rules to understand the risk of adverse pregnancy outcomes in a diverse population[J]. Pacific symposium on biocomputing, 2023, 28(5):209-220.

[43] ANTOMARIONI S, CIARAPICA F E, BEVILACQUA M. Association rules and social network analysis for supporting failure mode effects and criticality analysis: framework

development and insights from an onshore platform[J]. Safety science, 2022, 15(3):105-111.

[44] TONG C, ZHANG Y, ZHOU M, et al. Online monitoring data processing method of transformer oil chromatogram based on association rules [J]. IEEJ transactions on electrical and electronic engineering, 2022, 17(3):354-360.

[45] ZHANG C, ZHAO Y, ZHOU Y, et al. A real-time abnormal operation pattern detection method for building energy systems based on association rule bases [J]. Building simulation, 2022, 15(1):69-81.

[46] FRANKLIN J. The elements of statistical learning: data mining, inference and prediction [J]. The mathematical intelligencer, 2005, 27(2):83-85.

[47] HOSSEINI BAMAKAN S M, WANG H, YINGJIE T, et al. An effective intrusion detection framework based on MCLP/SVM optimized by time-varying chaos particle swarm optimization [J]. Neurocomputing, 2016, 19(9):90-102.

[48] JAVIDI M M, EMAMI N. A hybrid search method of wrapper feature selection by chaos particle swarm optimization and local search [J]. Turkish journal of electrical engineering & computer sciences, 2016, 24(5):3852-3861.

[49] KRISHNASAMY S, RAJIAH M, SENTHILKUMAR K K, et al. Association rule-based multilevel regression pricing and artificial neural networks based land selling price prediction based onmarket value [J]. Concurrency and computation: practice and experience, 2023,78(12):148-154.

[50] CHU H, RAMOLA R, JAIN S, et al. Using association rules to understand the risk of adverse pregnancy outcomes in a diverse

population [J]. Pacific symposium on biocomputing. Pacific symposium on biocomputing, 2023, 28(1):209-220.

[51] JOIA D. Unsupervised static discretization methods in data mining[J]. Titu Maiorescu University, 2022,45(9):12-18.

[52] Li X. Permeability calculation of complex carbonate reservoirs based on data mining techniques [J]. The SPWLA journal of formation evaluation and reservoir description, 2023, 78(12): 56-63.

[53] RUIDAS D, SAHA A, CHOWDHURI I, et al. Application of novel data-mining technique based nitrate concentration susceptibility prediction approach for coastal aquifers in India [J]. Journal of cleaner production, 2022,13(20):346-353.

[54] HAN Y, YANG Z, FANG S, et al. Data-mining-based of ancient traditional Chinese medicine records from 475 BC to 1949 to potentially treat COVID-19[J]. The anatomical record, 2022, 56(6):10-20.

[55] MATHAN K, KUMAR P M, PANCHATCHARAM P, et al. A novel gini index decision tree data mining method with neural network classifiers for prediction of heart disease [J]. Design automation for embedded systems, 2022,11(2):26-31.

[56] BENHAMOUDA F, JOYE M, LIBERT B. A new framework for privacy-preserving aggregation of time-series data [J]. ACM transactions on information & system security, 2016, 18(3):13-21.

[57] WYNTERS E. Fast and easy parallel processing on GPUs using C++ AMP [J]. Journal of computing sciences in colleges, 2016, 31(6):27-33.

[58] PRATAMA B A, SIHWI S W, ANGGRAININGSIH R.

Penerapan association rule Apriori dalam Aplikasi business analytic terhadap data kelulusan di UNIVERSITAS SEBELAS MARET[J]. 2016, 3(2):96-102.

[59] DOUCOURE B, AGBOSSOU K, CARDENAS A. Time series prediction using artificial wavelet neural network and multi-resolution analysis: application to wind speed data [J]. Renewable energy, 2016, 9(2):202-211.

[60] GUO H X, WANG J R, PENG G C, et al. A data mining-based study on medication rules of Chinese Herbs to treat heart failure with preserved ejection fraction [J]. Chinese journal of integrative medicine, 2022, 28(9):847-854.

[61] VALERIY S, MICHAIL E, PETER F, et al. Combination of methods for the fractionation, investigation, and analysis of Micro/Nano particles in volcanic ash [J]. Egu general assembly, 2013, 15(2):195-205.

[62] SADAOUI F, RABBOUCH H, FRÉDERIC DUTHEIL, et al. Data mining for estimating the impact of physical activity levels on the health-related well-being[J]. Advances in data science and adaptive analysis, 2022,45(7):11-18.

[63] SHEEBA K, RAHIMAN M A. Fractal coding using gradient direction based tag matrix and score value [J]. Procedia computer science, 2016, 9(3):439-445.

[64] KULIKOVA M V, TSYGANOVA J V. A unified square-root approach for the score and fisher information matrix computation in linear dynamic systems [J]. Mathematics & computers in simulation, 2016, 11(9):128-141.

[65] SAEIDI R, ALKU P, BACKSTROM T. Feature extraction using power-law adjusted linear prediction with application to

speaker recognition under severe vocal effort mismatch [J]. Audio speech & language processing IEEE/ACM transactions on, 2016, 24(1):42-53.

[66] FERNÁNDEZ-PASCUAL R, ROS A, ACACIO M E. Are distributed sharing codes a solution to the scalability problem of coherence directories in manycores an evaluation study [J]. The journal of supercomputing, 2016, 72(2):1-27.

[67] YU C, HUANG L. CluCF: a clustering CF algorithm to address data sparsity problem [J]. Service oriented computing & applications, 2017, 11(1):1-13.

[68] SCHWALBE-KODA D, SANTIAGO-REYES O A, CORMA A, et al. Repurposing templates for zeolite synthesis from simulations and data mining [J]. Chemistry of materials: a publication of the American chemistry society, 2022,41(12):34-42.

[69] LIAO S H, CHANG H K. A rough set-based association rule approach for a recommendation system for online consumers [J]. Information processing & management, 2016, 52(6):1142-1160.

[70] BIRTOLO C, RONCA D. Advances in clustering collaborative filtering by means of Fuzzy C-means and trust [J]. Expert systems with applications, 2013, 40(17):69-79.

[71] NEMANI R, MOSES G J, ALENEZI F, et al. Statistical data mining with slime mould optimization for intelligent rainfall classification[J]. Tech Science Press, 2023, 3(4):21-30.

[72] BOK K, LIM J, YANG H, et al. Social group recommendation based on dynamic profiles and collaborative filtering [J]. Neurocomputing, 2016, 20(9):3-13.

[73] 周玉妮. 移动商务应用的个性化推荐模式[J]. 通信企业管理，2012,4(1):37-39.

[74] JOOA J H, BANGB S W, PARKA G D. Implementation of a recommendation system using association rules and collaborative filtering [J]. Procedia computer science, 2016, 9(1):944-952.

[75] ABU M M, PALASH U M, MASUD I A. An educational data mining system for predicting and enhancing tertiary students' programming skill[J]. The computer journal, 2022,7(5):5-14.

[76] QIANG G, XIAODONG L, YING Z, et al. An energy efficiency solution based on time series data mining algorithm on elementary school building[J]. International journal of low-carbon technologies, 2022,9(3):48-55.

[77] QUINTANO C, STEIN A, BIJKER W, et al. MODIS data mining to map burned areas[J]. Earsel org, 2022,145(23):159-168.

[78] LI T, ZHANG C. Research on the application of multimedia entropy method in data mining of retail business [J]. Scientific programming, 2022, 22(2):1-13.

[79] PEREZ-GUAITA D, QUINTAS G, FARHANE Z, et al. Corrigendum to data mining raman microspectroscopic responses of cells to drugs in vitro using multivariate curve resolution-alternating least squares [J]. Talanta, 2022, 23(6):12-20.

[80] ELENA CÁMARA, OLSSON L, ZRIMEC J, et al. Data mining of Saccharomyces cerevisiae mutants engineered for increased tolerance towards inhibitors in lignocellulosic hydrolysates[J]. Biotechnology advances, 2022, 5(7):17-24.

[81] LENG Y, LU Q, LIANG C. A collaborative filtering similarity measure based on potential field [J]. Kybernetes, 2016, 45(3):

434-445.

[82] LIN F C, YU H W, HSU C H, et al. Recommendation system for localized products in vending machines [J]. Expert systems with applications, 2011, 38(8):9129-9138.

[83] WEI J, HE J, CHEN K, et al. Collaborative filtering and deep learning based recommendation system for cold start items [J]. Expert systems with applications, 2017, 6(9):29-39.

[84] KIGUCHI M, SAEED W, MEDI I. Churn prediction in digital game-based learning using data mining techniques: logistic regression, decision tree, and random forest [J]. Applied soft computing, 2022, 118(1):108-120.

[85] HE Y, CHU Y, SONG Y, et al. Analysis of design strategy of energy efficient buildings based on databases by using data mining and statistical metrics approach [J]. Energy and buildings, 2022, 25(8):11-18.

[86] WANG B, HUANG J, ZHU D, et al. A recommendation system based on regression model of three-tier network architecture [J]. International journal of distributed sensor networks, 2016, 20(16):1-7.

[87] PARK Y, PARK S, JUNG W, et al. Reversed CF: a fast collaborative filtering algorithm using a k-nearest neighbor graph [J]. Expert systems with applications, 2015, 42(8):4022-4028.

[88] WEST J D, WESLEY-SMITH I, BERGSTROM C T. A recommendation system based on hierarchical clustering of an article-Level citation network [J]. IEEE transactions on big data, 2016, 2(2):113-123.

[89] 张亮，赵娜. 改进的协同过滤推荐算法[J]. 计算机系统应用，2016，25(7):147-150.

[90] 申利民，陈真，李峰. 考虑数据变化范围的 Web 服务质量协同预测方法[J]. 计算机集成制造系统，2017，23(1)：47-53.

[91] SALEH A I, RABIE A H. A new autism spectrum disorder discovery (ASDD) strategy using data mining techniques based on blood tests [J]. Biomedical signal processing and control, 2023, 52(8):26-35.

[92] MAES C. Singular value decomposition [J]. Proc eusipco, 2016, 29(1):84 - 86.

[93] XENAKI S D, KOUTROUMBAS K D, RONTOGIANNIS A A. A novel adaptive possibilistic clustering algorithm [J]. IEEE transactions on Fuzzy systems, 2016, 24(4):791-810.

[94] 韩萌，王志海，丁剑. 一种频繁模式决策树处理可变数据流[J]. 计算机学报，2016，39(8)：45-54.

[95] 董跃华，刘力. 结合矫正函数的决策树优化算法[J]. 计算机应用与软件，2016，33(1)：300-306.

[96] 姚香娟，巩敦卫，李彬. 融入神经网络的路径覆盖测试数据进化生成[J]. 软件学报，2016，27(4)：828-838.

[97] 李方伟，张新跃，朱江，等. 基于 APDE-RBF 神经网络的网络安全态势预测方法[J]. 系统工程与电子技术，2016，38(12)：21-27.

[98] 王雪松，赵跃龙. 遗传算法优化小波神经网络的网络流量预测[J]. 计算机系统应用，2015，24(1)：180-184.

[99] 毕慧，崔佳，李超. 链接分析在网络舆情分析中的应用探析[J]. 信息系统工程，2016,8(5)：41-47.

[100] 孙建军，胡泽文，蒋婷. 链接分析研究热点与前沿综述[J]. 情报学报，2016，35(4)：432-441.

[101] EDITION S. Applied logistic regression analysis [J]. Technometrics, 2016, 38(2):184-186.

[102] HE Y L, WANG X Z, HUANG J Z. Fuzzy nonlinear regression analysis using a random weight network [J]. Information sciences, 2016, 36(5):222-230.

[103] CHEN X, LIU Y, SUN J, et al. Semiparametric quantile regression analysis of right-censored and length-biased failure time data with partially linear varying effects [J]. Scandinavian journal of statistics, 2016, 43(4):921-938.

[104] 蒋礼青，张明新，郑金龙，等. 基于蝙蝠算法的贝叶斯分类器优化研究[J]. 计算机应用与软件，2016，33(9):259-263.

[105] 王兴旺，郑汉垣，王芳. 白鹤草莓 GCD-EF-CV 病虫害识别模型研究与应用[J]. 山西农业大学学报（自然科学版），2023，43(1):65-74.

[106] 王兴旺，郑汉垣，张中华. 基于 WSN 的仓桥水晶梨节水灌溉控制系统设计与应用[J]. 江苏农业科学，2022，50(1):175-181.

[107] LINDEN G, SMITH B, YORK J. Industry report: Amazon. com recommendations: item-to-item collaborative filtering [J]. IEEE internet computing, 2023, 4(1):20-23.

[108] ZHANG J, LIN Y, LIN M, et al. An effective collaborative filtering algorithm based on user preference clustering [J]. Applied intelligence, 2016, 45(2):230-240.

[109] MASIH N, AHUJA S. Application of data mining techniques for early detection of heart diseases using Framingham heart study dataset [J]. International journal of biomedical engineering and technology, 2022,10(4):38-45.

[110] GUO G, ZHANG J, THALMANN D. Merging trust in collaborative filtering to alleviate data sparsity and cold start [J]. Knowledge-based systems, 2014, 57(2):57-68.

[111] 王国霞，刘贺平. 个性化推荐系统综述[J]. 计算机工程与应用，

2012，48(7)：66-76.

[112] WU C, HAWAMDEH S. Effect of online and offline blended teaching of college English based on data mining algorithm[J]. Journal of information & knowledge management, 2022, 11(4):64-72.

[113] JIN X, ENVELOPE H. Research and implementation of smart energy investment and financing system design based on energy mega data mining - science direct[J]. Energy reports, 2022, 55(8):114-120.

[114] PENG Z, WAN D, WANG A, et al. Deep learning-based recommendation method for top-K tasks in software crowdsourcing systems [J]. Journal of industrial and management optimization, 2023, 19(9):64-78.

[115] TEOH S K, YAP V V, NISAR H. A deep regression convolutional neural network using whole image-based inferencing for dynamic visual crowd estimation [J]. International journal of business intelligence and data mining, 2023, 114(6):23-32.

[116] 何长斌，邓喜庆，温庆忠，等. KNN 算法在原始林判别中的应用研究[J]. 林业调查规划，2016，41(2)：43-47.

[117] 卢诚波，林银河，梅颖. 基于 ELM 特征映射的 KNN 算法[J]. 复旦学报(自然科学版)，2016，55(5)：570-575.

[118] 黄文明，莫阳. 基于文本加权 KNN 算法的中文垃圾短信过滤[J]. 计算机工程，2017，43(3)：193-199.

[119] 王辉，陈泓予，杨姗姗. 基于树加权朴素贝叶斯算法的入侵检测技术研究[J]. 计算机应用与软件，2016(2)：294-298.

[120] 李忠波，杨建华，刘文琦. 基于数据填补和连续属性的朴素贝叶斯算法[J]. 计算机工程与应用，2016，52(1)：133-140.

[121] 王晓军. 推荐系统中分布式混合协同过滤方法[J]. 北京邮电大

学学报，2016，39(2):25-29.

[122] 崔春生. 基于泛函网络的组合推荐算法[J]. 系统工程理论与实践，2014，34(4):34-42.

[123] 任磊. 基于增量学习的混合推荐算法[J]. 计算机应用，2010，30(5):85-89.

[124] GARDNER I A, WHITTINGTON R J, CARAGUEL C G, et al. Recommended reporting standards for test accuracy studies of infectious diseases of finfish, amphibians, molluscs and crustaceans: the STRADAS-aquatic checklist[J]. Diseases of aquatic organisms, 2016, 118(2):91-98.

[125] CHEN W, NIU Z, ZHAO X, et al. A hybrid recommendation algorithm adapted in e-learning environments [J]. World wide web, 2014, 17(2):271-284.

[126] LIU C, ZHOU W X. Heterogeneity in initial resource configurations improves a network-based hybrid recommendation algorithm [J]. Physica A statistical mechanics & its applications, 2012, 391(22):5704-5711.

[127] WEN J H, BO H E, Hybrid recommendation algorithm based on user's trust in social networks [J]. Computer science, 2016, 6(2): 98-103.

[128] WANG H C, CHANG Y L. A personalized knowledge recommendation system for virtual research communities [J]. Journal of computer information systems, 2016, 48(1):31-41.

[129] GIESBERS B, RUSMAN E, BRUGGEN J V. State of the art report in knowledge sharing, recommendation and latent semantic analysis[J]. 2022, 3(4):112-119.

[130] ADENIYI D A, WEI Z, YONGQUAN Y. Automated web usage data mining and recommendation system using K-Nearest

Neighbor (KNN) classification method [J]. Applied computing & informatics, 2016, 12(1):90-108.

[131] HUANG C K, CHEN Y L, CHEN M C. A novel recommendation model with Google similarity [J]. Decision support systems, 2016, 8(9):17-27.

[132] CUI C, HU M, WEIR J D, et al. A recommendation system for meta-modeling: A meta-learning based approach [J]. Expert systems with applications, 2016, 4(6):33-44.

[133] CUI C, WU T, HU M, et al. Short-term building energy model recommendation system: a meta-learning approach [J]. Applied energy, 2016, 17(2):251-263.

[134] XU W, HUANG Y, SONG S, et al. A novel online combustion optimization method for boiler combining dynamic modeling, multi-objective optimization and improved case-based reasoning [J]. A journal of fuel science, 2023, 9(2):19-25.

[135] YEN S J, WANG C K, LEE Y S. Mining consumption association rules [J]. Journal of information science & engineering, 2016, 2(6):271-285.

[136] RUIZ M D, GÓMEZ-ROMERO J, MOLINA-SOLANA M, et al. Meta-association rules for mining interesting associations in multiple datasets [J]. Applied soft computing, 2016, 4(9):212-223.

[137] YAO J, LIN Y. Analysis of aprior algorithm in mining association rules [J]. Applied mechanics & materials, 2013, 14(6):72-75.

[138] ASADI A, AFZALI M, SHOJAEI A, et al. New binary PSO based Method for finding best thresholds in association rule mining [J]. Life science journal, 2012, 9(4):260-264.

[139] MAGDY M, GHALEB F F M, MOHAMED D A, et al. An efficient approach for incremental frequent itemset mining based on closed candidates [J]. Journal of supercomputing, 2023, 12(5):102-108.

[140] HANCOCK T S. Africa needs smarter ports [J]. Creamer media's engineering news & mining weekly, 2023, 56(6):156-163.

[141] PENG Z, WAN D, WANG A, et al. Deep learning-based recommendation method for top-K tasks in software crowdsourcing systems [J]. Journal of industrial and management optimization, 2023, 19(9):78-99.

[142] AGAPITO G, MILANO M, GUZZI P H, et al. Extracting cross-ontology weighted association rules from gene ontology annotations [J]. IEEE/ACM trans comput biol bioinform, 2016, 13(2):197-208.

[143] 郑鹏飞,李菁菁.海关大数据分析教学研究:以统计软件 R 语言为例[J].计算机应用文摘，2023，39(1):38-42.

[144] LIYAN ZHANG, JIE XU, CHUNPING LI. A random-walk based recommendation algorithm considering item categories [J]. Neurocomputing, 2013, 12(1):391-396.

[145] 杜元伟，石方园，杨娜. 基于证据理论层次分析法的贝叶斯网络建模方法[J]. 计算机应用，2015，35(1):140-146.

[146] 屈正庚. 层次分析法在大学生选购手机中的研究[J]. 计算机系统应用，2015，24(3):166-170.

[147] BOBADILLA J, ORTEGA F, HERNANDO A. A collaborative filtering similarity measure based on singularities [J]. Information processing & management, 2012, 48(2):204-217.

[148] SHANG M S, JIN C H, ZHOU T, et al. Collaborative

filtering based on multi-channel diffusion [J]. Physica A statistical mechanics & its applications, 2009, 38(23):67-71.

索引